新装版

SINGLE TASK
一点集中術

一点集中術

限られた時間で
次々とやりたいことを
実現できる

デボラ・ザック 著
栗木さつき 訳

ダイヤモンド社

SINGLETASKING

by

Devora Zack

親愛なる読者へ

ここにあなたは、
多くのムダに忙殺される毎日から解放される。

PS ようこそ、一点集中の世界へ。

日本のみなさまへ——新装版によせて

こんにちは。著者のデボラです。

おかげさまで本書は国際的に高い評価を得ており、アメリカで最初に刊行されたあと、18の言語で翻訳され、話題となった。

押し寄せる情報の波にのまれ、スマートフォンやパソコンなど複数の画面に気を散らし、際限のない仕事や用事を前に、プレッシャーに押しつぶされている世界中の読者の琴線《きんせん》に触れたのだ。

とりわけ日本では多くの読者に愛されてきた。邦訳は2017年の発売以来版を重ね、ロングセラーとなっている。心からありがたく思っている。

「一点集中」すると、より多くのことをこなせるようになる

当時と比べると、私たちは生活のあらゆる場面でSNS、ネット通販やネット取引、オンライン講座、リモートワークなどをいっそう活用している。Zoomだって、10年前は利用していませんでしたよね？

こうして**私たちは、スマートフォンやSNS漬けの日々を送るようになった。**

はたして、その副作用は？

集中力がどんどん低下しているのだ。

さらに日本の仕事文化では、集中力を分散してマルチタスクをこなせる人こそ有能だと見なされる場合も多い。

では、四六時中忙しいわけではない社会人がいるとしたら？

その場合はたいてい、忙しいふりをする。体裁をとりつくろうのだ。

ビジネス向けコミニュケーションアプリ、スラックのレポートによれば、忙しそうに見せるために「無駄な仕事」に時間を費やしている人が多い国のトップ3に、日本はランクインしているという。

日本文化の専門家によれば、どんな場面でも「いつでも対応できること」が重要だという。

しかし、あらゆる要望に応じようとしていると、まったくの逆効果を生む――集中力を分散させていると「信頼できない人」だと思われてしまうのだ。

気が散っている人は、非効率なだけでなく、不注意で失礼にもなる。

おっと、ここまで。

続きは本書をお読みいただくとして、話を本筋に戻そう。

日本の人たちは仕事における倫理観を大切にしている。

だからこそ、人間の脳の仕組みを理解し、一点に集中することを心がけよう。そうすれば、つねに生産性を高められるようになる。

本書を読めば「一点集中」というコンセプトを理解したうえで、その手法を日々、実践できるようになる。一度に1つのことに集中できるようになれば、大きな成果をあげ、人との絆を強め、自身も心の平穏を得られるようになる。

「マルチタスク」をしているあいだは、能力が下がっている

本書を初めて手にとったみなさん、「いまここ」に生きる能力を高め、自分の人生を取り戻すための重要な一歩を踏みだされたあなたに、おめでとうの言葉をお贈りしたい。

世界各地の神経科学者が辛抱づよく――何度も何度も――伝えてきたように、「マルチタスクをしている」とは、実際には「タスクの切り替えをしている」にすぎない。

1つのタスクからべつのタスクへと、注意を向ける先を脳がすばやく切り替えてい

るだけなのだ。そして、そのツケは大きい。**ＩＱが下がり、脳の灰白質《かいはくしつ》が委縮するの**だから。

いやいや、一点に集中するなんて、忙しすぎて無理だよ。

そうお嘆きになる諸氏もいるだろう。だが、そんなみなさんには紛《まご》うかたなき真実をお伝えしたい——多忙をきわめている人ほど、一点に集中しなければならないのだ。

「一点集中術」は、現代を生き抜くための必需品

一度に2つ以上のことをこなそうとすると、結局は生産性が下がり、集中力も落ちる。それは数々の研究が次から次へと示している事実だ。おまけに、そんな真似を続けていれば、ストレスがたまるばかり。

心ここにあらずの状態で前進しようとしたところで、結局は時間をムダにし、人間関係を悪化させ、チャンスを逃すことになる。そんな生活を続けていれば、幸せを感

じられなくなり、むなしさを覚え、うつ状態におちいってもおかしくない。

そんな罠にかかってしまうのは、何もかもテクノロジーのせいだとうそぶくのは簡単だ……スマホやパソコンがない時代はよかったなあ、と。だが、本当にそうだろうか。かならずしも、テクノロジーのせいだけではないはずだ。

たしかに、私たちの集中力を奪いとるテクノロジーはそこここにある。オンライン会議がたびたび入れば、仕事に集中しにくいだろう。

だが**テクノロジーのおかげで、一点に集中しやすくなる場合もある。**スマートフォンやタブレット、パソコンのソフトウェアには、一点集中術に役立つアプリがたいてい搭載されているからだ。

「いま目の前にあるもの」に完全に集中する

吉報をお伝えしよう。

私たちは、この状況を自力でコントロールすることができる！

まずは「いちばん重要なこと」を明確にしよう。**「いまここ」にいるための手法を実践し、日々の生活を変えていく**のだ。

一点集中術とは、いま目の前にあるもの——あるいは人——に完全に集中することを意味する。

完全に集中するからこそ、時間を有効活用し、創造性を発揮し、質のいい結果を残し、より豊かな人生を送れるようになる。一点集中術を実践すれば、人生のあらゆる場面で充実して生きることができるのだ。

「没頭している瞬間」を増やすことで人生に満足できる

できるだけ手っ取り早く、物事を片づけようとしたときのことを思いだしてみよう。忙しさのあまりパニクっていると、混乱してミスが増え、しっかりと決断がくだせなかったはずだ。

その反対に、あなたが心から楽しめるのは、どんな活動をしているときだろうか？　一点集中術のセミナーで私がこの問いを投げかけると、じつにさまざまな回答が得られる。絵を描いたりものづくりに取り組んだりしているとき、スポーツをしているとき、愛する人と一緒にいるとき、趣味を楽しんでいるとき。

さまざまな回答があり、その範囲は無限だ。だが、どの回答にも１つだけ共通点がある。誰もが**その体験に没頭しているからこそ、満足感を覚えている**のだ。完全に集中しているからこそ、幸せな気持ちになれる。

創造性を発揮し、もてる能力を活用し、ほかの人たちと心を通わせているとき、あなたはかならず一点に集中しているのだ。

みなさんが一点集中術を実践して人生を変えていかれることを、心から願っている。

デボラ・ザック

一点集中術　目次

INTRODUCTION

一点集中の原則――たった1つの肝に銘じるべきルール

Part 1

原則を固める

第1章 マルチタスクを封印する

「同時進行」の誘惑から逃れる

第2章 すべてを一気にシンプルにする

「一点集中術」とは何か?

Part 2 行動を変える

第3章 脳の「集中力」を最大化する ―― 脳がエネルギーをだせる環境をつくる

第4章 全行動を「1つずつ」にする

——最大の成果をもたらす1日の行動法

第5章 5分で周囲の「信頼」をつかむ――「ノー」を言うことで人望を集める

Part 3 定着させる

第6章 賢者の時間術「タイムシフト」——「最重要課題」を攻略する

第7章 継続する方法

24時間「いまここ」にいつづける

本文中の数字ルビは
巻末の「参考文献」に対応しています。

［神話］同時に複数のことをこなさなければ、生活は立ちゆかない。
［現実］日々の仕事をこなしたいのなら、「いまここ」に完全に集中するしかない。

成功者とは、集中力を発揮したごくふつうの人間である
——詠み人知らず

残念ながら私には、本書を執筆する資格が十分すぎるほどにある。
もちろん、本書の執筆を思いたったのは自分なのだが、それは同時に、私の判断力

が乏《とぼ》しいことを意味していた。差し迫った用事が山積みになっているというのに、なんだってまた自分で自分の首を絞めるような決断をしたのだろう？

私のごく平均的な平日の朝の風景をざっとごらんいただきたい。

8時30分までに、私が毎日していること。

起床後、軽く身体を動かしてから、近所のカフェで少々書き物をし、ニュースの見出しに目を走らせ、きょうの「することリスト」を見なおし、大急ぎで食料品店に買い物にでかけ、帰宅し、まばゆいばかりに輝かしい（すなわち「きょうも学校に行くの？」と不機嫌きわまりない）3人の息子たちに朝食を食べさせ、弁当の支度をし、食器洗い機に皿を突っ込み、息子たちをそれぞれの学校に送り届け、クライアントからのメールに何通か返信し、出社する――朝イチのミーティングが始まる9時が刻々と近づいていることに焦《あせ》りを覚えつつ。

「それはすごい」と感心しないでもらいたい。なにしろ、たいがい11時半になるころには、もうへとへとになっているのだから。

出社しても、自分の能率のよさに満足することなどない。ありえない。オフィスには、急を要するメッセージの山、ミーティング、面接、電話会議、ランチタイムのプレゼン、原稿の締切りが待っているのだから。

いったいどうすれば、これだけの仕事をすべてこなせるのだろう？

できるわけがない。私は負け犬だ。いますぐ、パソコンのキーボードに顔を埋めてしまうほうがましかもしれない。

私を救えるものは何もない……「一点集中術《シングルタスク》」のほかには！

人生が確実に変わる「現実的」な方法

私は作家、講師、コンサルタントを兼業している。そして、読者のみなさんが日々直面しているであろう用事がいかに膨大《ぼうだい》かということを、肌で感じている――だからこそ、**ほんとうに有効な解決策をお伝えしたい**のだ。

いわゆる「専門家」なる人物が伝授する、ふつうの日常生活ではまず実践できそうもないアドバイスほど、うんざりさせられるものはない。

たとえば……

「仕事の9割を人にまかせるか、権限を委譲しなさい。そして浮いた時間に、クリエイティブな戦略を練りなさい」

「仕事にあてる時間を1日のうち15分間だけにしよう。ぜったいに欠かせないことだけをしよう！」

「スケジュールに余裕ができるまで、これ以上、責任を背負いこんではいけません」

「年に何回か休暇をとり、リフレッシュしなさい」

頭が爆発しそうになっただろうか？

やけにならないで。私は、こうしたごたくを並べる専門家ではない。こんな見当違いのアドバイスに従ったところで、あなたの日々の負担はまったく軽くならない。

本書はあなたに「解決策」をお教えする。

私が「一点集中術」と呼んでいる方法だ。

一点集中術がうまくいけば、あなたは自分の行動を正確にコントロールし（まずは考え方をあらためることから始めよう）、周囲の環境（対人関係を含む）にもすばらしい影響を及ぼせるようになる。

ありがたいことに、本書はそれほど分厚くない。手軽に、さっと、楽しく読める。それに、いたって実用的だ。

本書を読み終えるころ、読者のみなさんは暗闇から抜けだし、**もっと明るく、もっと幸せな、そして、もっと能率がいい場所**にたどりついているはずだ。

INTRODUCTION

一点集中の原則

たった1つの肝に銘じるべきルール

［神話］マルチタスクを続けていれば成功する。
［現実］マルチタスクを続けているとミスをする。

シンプルかつ明確であることは想像以上にむずかしい。
人は単純に思われるのを嫌がるものだが、
シンプルを貫く人こそ本物である。
——ジャック・ウェルチ

夜、友人のイーヴリンとおしゃべりをしていたときのことだ。
講座の課題として提出するエッセイがよく書けたと言い、イーヴリンは声をはずませていた。そして「読むから、ちょっと聞いてもらってもいい？」と言った。

「もちろん！　聞かせて、聞かせて」

そう言うと、私はちらりとiPhoneに視線を落とした。**それが大きな間違いだった。**イーヴリンが原稿をとりだすまでに少し時間がかかるだろう。そう考え、私はメールをチェックすることにした。

というのも、その日は朝からずっと、私が企画したプロジェクトが契約を獲得できたかどうかを知らせるメールが届くのを、いまかいまかと待ちわびていたのだ。

そして、まさにそのとき、当のメールが届いていることがわかった。


イーヴリンがエッセイを音読しはじめたが、私はメールに目を走らせてしまい、まるで聞いていなかった。そして「ウソでしょ！」と声をもらしてしまった。イーヴリンが読むのをやめた。

そのメールは、この1週間、私がかかりきりで練りあげたプロジェクトが契約を獲得できなかったことを伝えていた。

「冗談じゃない」と、私は嘆いた。「あんなに苦労したのに！」

不快感を隠しきれないようすで、イーヴリンがぽつりと言った。

「いいのよ、気にしないで」

私は非礼を詫び、ｉＰｈｏｎｅをテーブルに伏せて置いた。そして、エッセイを最初から読みなおしてほしいと頼み込んだ。

このときの経験から、私は２つの基本的事実を学んだ。

1．仕事の悲報に目をやりながら、友人の音読に本気で耳を傾けることはできない。

2．夜、友人とおしゃべりをしている最中に、仕事の確認をする必要はまったくない。

１日必死に働いたのに「何もできていない」とは？

１日の終わりに時計に目をやり、「いったい時間はどこに消えてしまったのだろう?」と途方に暮れることはないだろうか。

ずっとせわしなく働いていたのに、ちっとも達成感がないと思うことは?

懸命に努力しているのに、「することリスト」は短くなるどころか、どんどん長くなるいっぽうでは?

「一点集中」についての本を執筆するにあたり、私は数百もの人たちに、その主旨を説明し、話を聞いた。

すると、たいてい「いまの自分にはまさにそれが必要」といった反応が返ってきた。

ところがそのいっぽうで「いますぐマルチタスクをやめるべきです」と助言すると、「同僚(あるいは妻や夫、友人、上司、部下)に必要だ」と応じる人もいた。

驚くほどの反論を受けた。その語気の荒さときたら、政治や宗教などについて熱弁をふるっているようだった。

なかにはひどく怒りだし、「一点集中術《シングルタスク》には一切納得できる点がない」と吐き捨てるように言う人もいた。こうした例からもわかるように、「マルチタスクは有効」という考え方は現代社会に広く浸透している。

「何もできなかった」という日がなくなる

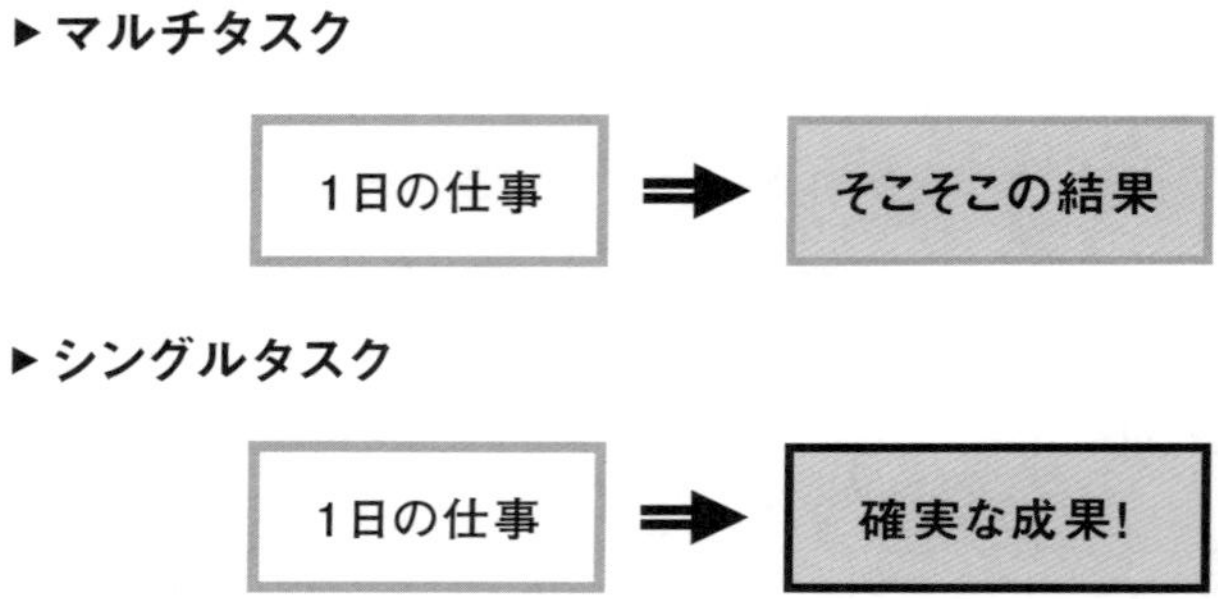

「複数の作業を同時にしようとするマルチタスクより、**もっと信頼の置ける、すぐれたやり方がある**」と話したところ、こんな反応が返ってきたことがある。

「たしかに、シングルタスクっていうアイデアはいいと思うよ。だが、ぼくには向いてない。ふつうのビジネスマンに、そんな贅沢《ぜいたく》をする余裕はないよ。一度に1つのことだけに集中できれば、そりゃ、いいだろう。でも、そんな真似をしていたら、睡眠時間がなくなるのがオチだ。無理だと思うね。そんなに言うのなら、**ぼくの考えが間違っていることを証明してもらおうじゃないか！**」

わかりました。受けて立ちましょう。証明してみせますとも。

一度に「1つの作業」のみに没頭する

シングルタスクは贅沢品などではない。

それは、「必需品」だ。

一度に1つのことだけに集中すれば、もっと成果をあげられるようになるし、睡眠だって十分にとれるようになる。リフレッシュにあてる時間が増えるのだ。リフレッシュの時間が増えると、ますますシングルタスクをうまく回していけるようにもなる。

また次のような反論を受け、執筆意欲をいっそうかきたてられたこともあった。

「ぼくは四六時中、マルチタスクをこなしている。そうしなきゃならないんだ。さもないと、用事は何ひとつ片づかない。マルチタスク抜きでやっていくのは無理なんだよ」

すでに社会常識となっている考え方があるなかで、新たな考え方を受けいれてもらうのは並大抵のことではない。

大半の人が「地球が宇宙の中心である」と考えていた時代に、ガリレオ・ガリレイは果敢にも異を唱え、「地球を含む複数の惑星が太陽の周りを回っている」という説を証明した。

そして、のちにローマの異端審問にかけられ、有罪の判決を受け、自宅に軟禁された。なんとも……。

マルチタスクには熱心な信奉者がいる——という表現では、控えめすぎるだろう。**「マルチタスクなど幻想にすぎない」**と断言しようものなら、私は〝異端コンサルタント〟という烙印《らくいん》を押され、二度とこの町で働けなくなるかもしれない！

少数派が社会通念に異を唱える際には、かならず、次の2点に留意すべきだ。

第1に、自分の信念に揺るぎない自信をもつこと。

第2に、正しいとわかっている考え方を、臆せず世間に広めていくこと。

では、ここで満を持して、「一点集中の原則」をお教えしよう。

〈一度に1つの作業に集中して、生産性を上げる〉

たとえば「おカネ」「商品の在庫数」「脈拍」などを数えている最中に、うっかりほかのことを考えてしまい、最初から数えなおすはめにおちいったという経験は、だれにでもあるはずだ。

途中で数がわからなくなった原因は、たいてい2つに絞られる。

第1の理由は、あなたの頭のなかにある。つい、ほかのことを考えてしまったのだ。

第2の理由は、外部にある。外部からの刺激が、あなたの集中力を奪ったのだ。

前者は、ちょっとほかの考え事をしただけで、ごく単純な作業さえできなくなることを示している。後者は、外からの刺激に負けると、時間を浪費してしまうことを示している。

いずれの場合も、**邪魔が入ったことで集中力が途切れた結果、能率が下がった**のだ。

結局、「数を数える」というたった1つの重要な作業を、あなたはまた最初から始めなければならない。

一点集中の原則

一度に1つの作業に集中して、
生産性を上げる

- **頭のなかの余計な雑念に邪魔させない**
- **外からの刺激をシャットアウトする**

本書は、もっとも重要なことに注意をもどすために利用できる万能の方法を紹介する。

本書を読めば、集中力を保ち、周囲の環境を管理する方法がわかるし、あなたの足を引っ張ろうとする厄介な人たちへの対処法も学ぶことができる。

さらに、**一度始めたことを最後までなしとげようとする意志**ももてるようになる。

「一点集中」を貫けば、濃密で強固な対人関係をはぐくみながら、いっそう成果をあげられるようになるはずだ。

では、邪魔が入ったらどうすればいいのだろう?

本書では、職場をぶらぶらと歩きまわっては話しかけてくる人への対処法や、あなたの頭のなかにふっと浮かんだあと居座る邪念を払いのける方法も説明していく。

ですから心配は無用。ほっとひと息、ついてください。

「思考」「行動」「周囲」をコントロールする

本書は、3部構成となっている。

PART1では、基礎を学び、土台づくりをする。

目がまわるほど忙しいからといってマルチタスクを試みても何の役にも立たない。

そこで、多忙な日々に対する唯一の対処法が一点集中術であることを説明し、あなたの現在の仕事の進め方を自己採点してもらい、どうして窮地におちいってしまうのか、その過程を明確にする。

PART2では、考え方、仕事、対人関係を変えていくテクニックを伝授する。

「一点集中の原則」を実生活で守り、自分自身と周囲の環境を管理する方法を学んでいこう。

PART3では、しっかりと疲れをとって充電し、平穏で幸せな暮らしを続けていく方法を紹介する。

また、職場以外の場所にも「一点集中の原則」を広げる方法を見ていく。

PART1からPART3まで、それぞれの内容は互いに影響を及ぼしあっている。自分の思考プロセスを改良すれば、対人関係もいい方向に動いていく。周囲の環境をコントロールできるようになれば、1日はもっとスムーズに進みだす。それぞれの要素が互いにからみあって成果をあげるのだ。

もっともタスクを変えない人が、もっとも能率が高い

シングルタスクを徹底するというのは、一見、非現実的に思えるかもしれない。

「そりゃ、シングルタスクをするに越したことはないんだろうが、こっちの目の前には〝しなきゃいけないこと〟が山積みなんだよ！」と、反論する人もいるだろう。

大丈夫、安心してもらいたい。私自身、そうした生活を送っているのだから。

それに、**本書で紹介する方法はすべて実際に試され、有効であることが立証されている。**

むしろ「マルチタスクはまったくの逆効果だ」と、私は断言する。

これはなにも、私が適当にでっちあげた意見ではない。世界各地で実施された神経科学の研究や学際的な研究の結果に基づいている。

いわば食前のお楽しみとして、手始めに、ある研究結果を紹介しよう。

ハーバード大学の研究によると、「あたふたとせわしなく働いている社員たちは1日に500回も注意を向けるタスクを変えるが、**もっとも能率がいい社員たちは注意を向けるタスクを変える回数がむしろ少ない**」という。

つまり、タスクからタスクへと注意を向ける先を切り替える頻度の高さは、生産性の低さと相関関係があるというのだ。[1]

さらに、マルチタスカーはシングルタスカーより、外部から邪魔が入ると影響を受けやすい（ほかの情報を受けいれてしまうと、もともと取り組んでいた作業の能率が落ちる）。

こういう人は「目の前の作業とは無関係のことに手をだすのはやめよう」という抑止力《よくしりょく》がきかず、集中力も鈍いという。

いつでも使える「集中法」を身につける

高い生産性と能率のよさを誇る人たちの仲間入りをしたいからといって、なにも社会改革を起こしたり、グローバル化を推進したりする必要はない。あなたは自分ひとりの力で変革を起こせるのだから。

だれにでもできる本書のテクニックを活用していけば、いつのまにか、一度に1つのタスクに集中するやり方を身につけているはずだ。

たしかに、マルチタスクの誘惑に抵抗するのがむずかしいこともあるだろう。そんなときは、「これまでマルチタスクが役に立ったことなどあっただろうか?」というささやかな疑問を自分に投げかけてみよう。

そして法廷で弁護士がたたみかけるように、こう問いただしてもらいたい。

「これまで、集中できず注意散漫の状態で、能率が上がり穏やかな気持ちになりリラックスできたことはあっただろうか？」

「仕事の最中に人から邪魔をされたら、どんな気持ちになる？」

「こちらが話をしているのに、相手がうわの空だったり、いま言ったばかりのことを聞き返されたりしたら、どんな気がする？」

「ミーティングの最中にメールをチェックしたり、電話で話している最中にメールを読んだりしていないだろうか？」

「集中しなければならないときに自制できないことがないだろうか？」


本書は、**1つの作業に専心し、能率を上げ、気が散らないようにする方法**を紹介する。つまり「いまここ」にいる方法を伝授する、いや、思いだしてもらうのだ。

創造的な「フロー」に入り込んだ状態を維持し、狂気の沙汰とはおさらばしよう。

一点集中術は、あなたの生活の質を変える。

さあ、思い切ってやってみよう。本気で取り組むのだ！

Point

「一点集中」で生産性を最大化する

- ☑ 〈一点集中の原則〉とは、「一度に1つの作業に集中して、生産性を上げる」こと。
- ☑ シングルタスクを始めれば「1日働いて何もできなかった」という徒労感がなくなる。
- ☑ 一点集中術は、もっとも重要なことに注意を引き戻せるシンプルな方法。
- ☑ 作業の能率が落ちる原因は2つ——「頭に浮かんだ別の思考」と「外部からの刺激」。
- ☑ タスクをあまり切り替えない社員こそ、もっとも能率がいい。
- ☑ マルチタスカーはシングルタスカーより、外部からの刺激で能率を下げやすい。
- ☑ 「これまでマルチタスクが役に立ったことはあるか」と自分に問いかけてみる。

Part

1

原則を固める

大事を小事の
犠牲にしてはならぬ。
ヨハン・ヴォルフガング・フォン・ゲーテ

第1章

マルチタスクを封印する

「同時進行」の誘惑から逃れる

［神話］私はマルチタスクが得意だ。
［現実］マルチタスクは神経科学的に不可能だ。

自律できぬ者に自由なし。

――エピクテトス

マルチタスクは役に立たない。いいや、もう一歩踏み込んで言わせてもらいたい。**マルチタスクなどというものは、そもそも存在しない。**

このただならぬ、だが科学的裏付けのある断言については、また詳述する。

ではなぜ、これほど多くの人たちが「マルチタスク」という現代病に感染しているのだろう？

私たちはいま、この重い現代病に集団感染し、次のような症状を訴えている。

・しなければならないことが多すぎて、時間が足りない。
・生活がゴチャゴチャ、頭のなかもゴチャゴチャ。
・毎日の用事が増えるいっぽう。
・「集中力を奪う邪魔物」が嵐のように押し寄せている。

このリストは氷山の一角だ。思いあたるふしがあれば、自分でもいくつか症状を挙げてみよう。

「同時進行」をやめるだけで成果が上がる

自分の症状を挙げおえたら、ある男性の話を参考にしてほしい。

日常生活でどんなふうにマルチタスクを試みていますかと尋ねたところ、彼はこう答えた。

「マルチタスクが及ぼす悪影響には、おそろしいものがある。運転中にメールを読んでいたら、どうなると思う？　前の車に追突する。電話で同僚と仕事の話をしながら新聞を読んでいたら？　納期に間にあうはずのない仕事を、『まかせてくれ』と安請け合いしてしまう。奥さんが来週の予定について話しているのに、テレビのフットボール中継を観ていたら？　娘の誕生日に出張の予定をいれてしまうのさ」

人生という名の途方もなく大きな波が打ち寄せるなか、私たちは必死になって一度に複数のタスクをこなそうとしている。

その結果、注意散漫な生活に歯止めがきかなくなっている。集中力がなくなり、ストレスがたまり、目の前の作業とは何の関係もないことでヤキモキする。おまけにそうすることで、いま目の前にいる人たち――同僚、顧客、店員、社員、仲間、家族――に無礼をはたらいているのだ。

注意散漫の状態を続けていると、結局のところ、何の成果もあげられないうえ、対人関係まで壊しかねない。

マルチタスクをこなそうとする試みと能率の悪さには、相関関係がある。これは厳然たる事実だ[1]。

本来、**「一度に複数の作業をしようとする」こと自体が「気が散っている」ことを意味する。**成果をあげたい――あるいは少しハードルをあげ、めざましい成果をあげたい――のなら、脇目もふらず、目の前の作業に集中するしかない。

以前、ある父親が大学を卒業したばかりの息子に向かって、こう諭《さと》していたのを耳にしたことがある。「いつだって選択肢は2つだ。1つのことをうまくやるか、2つのことをヘタにやるかだ」

膨大な情報の「誘惑」に流されない

私たちはつねに気が散っている。この状態が続いていて、うまくいくはずがない。とはいえ、すべての非があなたにあるわけではない。

近年のテクノロジーの発展により、社会には非現実的な要求が生まれた。おびただしい数のメディアがひっきりなしに流す情報の奔流を吸収するのが当然だという風潮が生じたのである。その結果、私たちはつねに「アクセス可能」であることを求められるようになった。

こうした非現実的な要求に応じようと、私たちは複数のタスクに注意を分散させるようになった。

マイクロソフトの元バイスプレジデントで作家・コンサルタントのリンダ・ストーンは、こうした状態を**「継続的な注意力の断片化」**と呼んでいる。[2]

つまり、押し寄せる情報の波に、現代人がうわべだけの注意を断片的に向けているにすぎないことを見抜いたのであり、この状況は悪化の一途をたどっている。

それはまるで、人間一人ひとりを取り巻く宇宙でビッグバンが生じているようなものだ。だから私たちは猛スピードで膨張する宇宙に、とてもついていけないような気分になっている。「ついていこうともがけばもがくほど、無力感に打ちのめされるんですよ」と嘆く声を、私自身、これまで何度も耳にしてきた。

こうした過負荷《かふか》に対処するにはマルチタスクをするしかない――そう誤解している人が多すぎる。マルチタスクに励むのは逆効果だというのに。

マルチタスクは状況を改善するどころか、むしろ問題を悪化させる。

そもそも**人間の脳は、一度に複数のことに注意を向けることができない**のだ。

マルチタスクは情報の流れを遮断し、短期記憶へと分断する。そして短期記憶に取り込まれなかったデータは、長期記憶として保存されずに、記憶から抜け落ちていく。だから、マルチタスクを試みると能率が落ちるのだ。

脳は同時に複数のことに
注意を向けられない

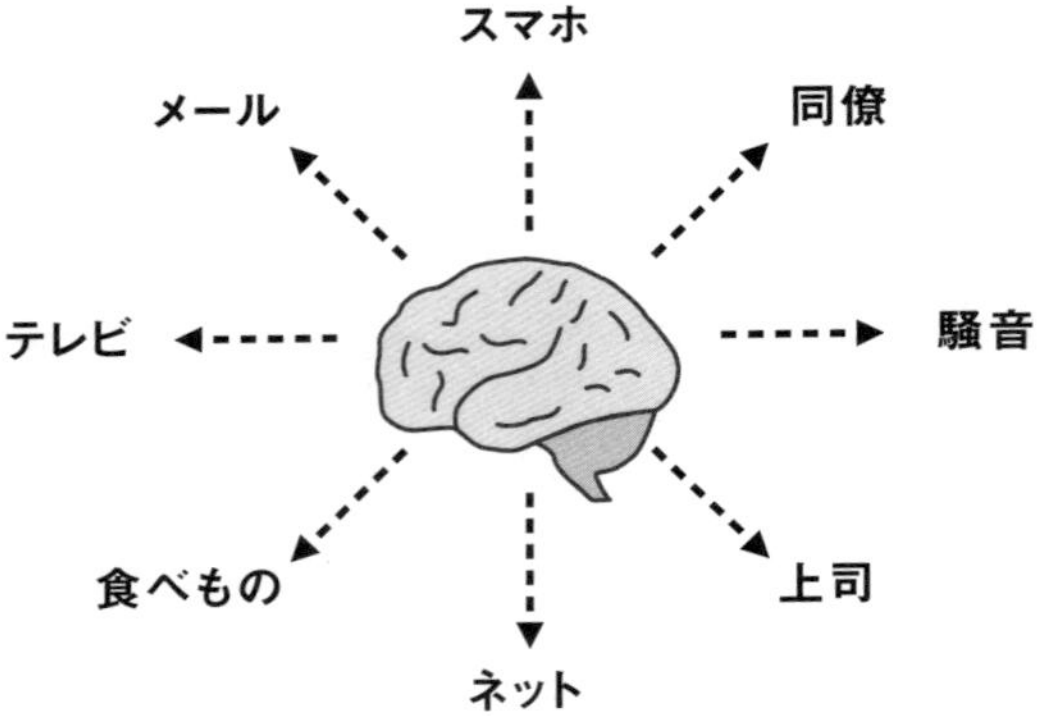

集中力は低下するいっぽうだ。

それはまるで、自分自身が断片化しているようなものだ。

同時に私たちは、人に対してますます無礼をはたらいている。ミスをして事故を起こし、その結果に懊悩《おうのう》している。

何をするにせよ能率が悪くなり、自制心を失っている。それでも私たちは、マルチタスクをしているような「ふり」をしている。

「ふりをしている」という表現を使ったのには理由《わけ》がある。

先に述べた通り、そもそも「マルチタスク」なるものは存在しないからだ。

読者のみなさんがこの事実をすんなりと受けいれるまで、私は何度でも繰り返す。マルチタスクは「見せかけ」にすぎない。雲の上で稲妻を操っているのが、ギリシア神話のゼウスではないのと同じである。

タスクからタスクに「スイッチ」しているだけ

ご近所に神経科学者が住んでいたら、マルチタスクと脳の関係について訊いてみるといい。「脳は一度に1つのことにしか集中できない」と、かれらは証言してくれるはずだ。

脳について、少し説明しておこう。

脳は注意を要するタスクに対処しながら、同時に流れ込んでくる情報を処理することはできない。

スタンフォード大学の神経科学者エヤル・オフィル博士は「人間はじつのところマ

ルチタスクなどしていない。タスク・スイッチング（タスクの切り替え）をしているだけだ。**タスクからタスクへとすばやく切り替えているだけである**」と、説明している。

こうした行動を続けているとマルチタスクをしているような気分にはなるものの、現実には、脳は一度に2つ以上のことに集中できない。そのうえ、注意をあちこちに向けていると、効率が落ちる。[3]

それだけではない。マサチューセッツ工科大学のアール・ミラー博士はこう述べている。

「何かをしているときに、べつのこと（タスク）に集中することはできない。なぜなら2つのタスクのあいだで『干渉』が生じるからだ。人にはマルチタスクをこなすことなどできない。『できる』という人がいるとしたら、それはたんなる勘違いだ。脳は勘違いするのが得意である」[4]

手みじかにいえば、マルチタスクは不可能であり、一般に「マルチタスク」と考えられている行為は「タスク・スイッチング」にすぎない。タスクからタスクへとせわしなく、注意を向ける先を無益に変えているだけだ。タスクの切り替えには0・1秒もかからないため、当人はその遅れに気づかない。

よって本書では、以降、マルチタスクを「タスク・スイッチング」「マルチタスクをしようとする試み」「いわゆるマルチタスク」といった言葉で言い換えていく。ときに「マルチタスク」という言葉を使う場合があるとしても、便宜上、そう言っているにすぎない。

効率を下げずに同時にできるタスクは何か？

なかには「私は食洗機から皿をとりだしながら会話ができる。ラジオを聴きながら運転だってできる。それってマルチタスクでしょう」と憤然と言い返してくる人もいる。

反論したい気持ちはよくわかる。だが、ミシガン大学のデヴィッド・マイヤー博士は、次のように明言している。
「たいがい、脳は複雑な2つのタスクを同時に処理することができない。ただ、その2つのタスクが脳の同じ部位を使わない場合は例外となる」[5]

マルチタスクとは、2つ以上の活動を同時におこなおうとした結果、少なくとも1つの活動に十分な注意を向けられなくなることを意味する。

とはいえ、**意識的な努力を必要としない活動は、メインの作業と同時におこなうことができる。**よって、これはマルチタスクにはあたらない。

こうしたシンプルな作業には「簡単で機械的におこなえるもの」「集中力を要さないもの」が含まれる。

つまり、2つの無関係な作業があったとして、そのうち1つが意識的な努力を必要としない場合のみ、それらを同時におこなっても不利益はない。

ただしこれは、当人がどんな環境で、どんな行動をとっているかによって変わってくる。

たとえば、近所のスーパーまで車を運転していくのは、どうということのない行為かもしれない。大半の人は車を運転しながら同乗者と会話を楽しんだり、ラジオでニュースを聴いたりできるはずだ。とはいえ、免許を取得したばかりの人であれば、運転に完全に集中しなければならないだろう。

また毎日、皿洗いをしている人にとっては、皿を洗う行為に集中力は不要だろうが、慣れない人にとっては必要かもしれない。

自動操縦のようにこなせるタスクは、目的や状況により変わってくるが、おもな例をいくつか挙げておこう。

・音楽を聴く
・書類をファイルにまとめる
・簡単な食事の支度をする
・ごく単純な手作業や修繕をする

とはいえ、用心に越したことはない。うっかり何かに気をとられると、曲がるべき道を通りすぎたり、書類をいつもと違う場所に置いたり、食材を焦《こ》がしたり、チューブを押しすぎて接着剤をまき散らしたりしかねない。慣れた高速道路で運転中にぼんやりして、降りるはずの出口を通りすぎてしまうかもしれない。

その原因は、脳がその活動に一時的に注意を向けていなかったことにある。

集中力を維持する努力を怠《おこた》ると、心ここにあらずの状態になり、いましなければならないことに注意を向けられなくなる。それこそが、マルチタスクの落とし穴だ。

「干渉が起きないこと」を同時にする

ほぼ無意識に行動することと、予期せぬことが起こるかもしれないと少し意識しながら行動することとは微妙に違う。

あなたは職場に向かって運転しているあいだ、ほかのことをずっと考えていても運転できると思っているかもしれない。

だが突然、目の前に車が割り込んできたら？　意識していなければ反応できず、衝突してしまうだろう。

無意識のうちにこなせる作業と、注意力が必要な作業とを混同するのもまた危険だ。たとえば、スマホに文字を入力しながら歩き、そのあいだ、周囲の状況を完全に把《は》握《あく》できると思い込んでいる人は多い。だが、そんな真似を続けていれば、そうした思い込みが誤りであることを、じきに思い知ることになる。

たしかに、互いに邪魔をしない活動を同時におこなうことも可能だが、**どのような活動であれば同時に実行できるのか**、よく考えなければならない。

講演を聴きながら、ストレス解消用のウレタン製ボールを握りしめていれば、むしろ話に集中できるかもしれない。だがメールをチェックすれば気が散り、講演に集中できなくなる。

自宅でテレビを観ながらストレッチをするのは、ただソファに座ってぼんやりテレビを観ているより、はるかに有益だ。エクササイズをしながらアップテンポの曲を聴けばワークアウトの効果があがるかもしれない。

だが、ランニングマシンで走りながら本を読んだりおしゃべりをしたりすると、カロリー消費はたいてい落ちる。

どちらかが自動的におこなえるものであれば、互いに邪魔をしない2つの活動を同時におこなっても害はない。

しかし、集中力を要する複数の作業に同時に取り組もうとすれば、高い代償を支払うことになる。

知識の「応用力」が低下する

マルチタスクは集中力を鈍らせる。

いま私たちは、長時間、注意を持続する能力を集団で失いつつある。

そのうえ**気が散っていると、状況の変化に適応する柔軟性も低下する**ことがわかった。[6]

1つの知識をべつの状況にあてはめて使えるようになることを「知識の転移」というが、マルチタスクを試みると、この能力が落ちるのだ。

『ネット・バカ』（篠儀直子訳、青土社）のなかで、著者のニコラス・G・カーは、情報を処理するプロセスをインターネットが大きく変えたことを説明している。[7]

ウェブの出現により、データを調べる作業はとてつもなく楽になった。それまでは、調べたいことがあれば、いちいち近所の図書館まで足を運び、資料にじっくりと目を通さなければならなかった。

ところがウェブで検索ができるようになった結果、データを吸収し、記憶にとどめる能力は低下した。

資料の1ページ1ページを深く読み込むのではなく、スクリーンをざっと眺め、文章を浅く読むだけですませるようになったため、学習能力と記憶力が低下したのだ。

こうした傾向について、詳しくはPART2で述べる。

脳の疲弊と「3つの犠牲」を防ぐ

頭のなかで1本のスレッドを立ててはまた回収するという行為を繰り返していると、脳が疲弊し、1つの作業に没頭しているときよりミスを犯しやすくなる。**気が散ると、脳は情報を効率よく処理し、保管することができなくなる。**タスク・スイッチングは集中力の敵なのだ。マルチタスカーは集中力が低いうえ、生産性も低いことがわかっている。[8]

もうわかった、耳にタコができたって？

じつは、まだある。マルチタスクを試みると、次の3つのものが犠牲を強いられるのだ。

・生活の質
・対人関係

・あなたにとって大切なことのすべて

それでも、たいしたことじゃない……だろうか？

大学生の「注意散漫」は疫病レベル

「若い世代はマルチタスクが得意なんでしょ？」という質問をよく受ける。はたしてハイテク社会で育った世代には、同時に複数のことをこなす能力が自然と身についていているのだろうか？

いや、そんなことはない。

グーグルの元ＣＩＯ（最高情報責任者）のダグラス・メリルは「おとなより子どものほうがマルチタスクを得意とするのは、周知の事実だ。とはいえ、一つ問題がある。その周知の事実が間違っていることだ」と述べている。[9]

高校生と大学生の記憶量の限界は、成人と同程度である。ゆえに**タスクの切り替え**

ばかりしていると、年齢にかかわらず、記憶力も理解力も低下する。

情報をきちんと把握できなければ、入手した情報をほかの状況で活用したり、応用したりできなくなる。だからこそ、集中力を身につけるのは生きるための技術なのだ。

バーモント大学の研究によれば、学生たちのノートパソコンを調べたところ、履修科目と無関係のソフトウェアのアプリケーションが、課題に取り組んでいる時間の42パーセントの間、起動していたという。大学生が気を散らしている実態は、もはや疫病レベルだ。

若い世代は「自分は一度に複数のものに注意を向けられる」と、過剰な自信をもっている。[10] だが一度に2つの複雑なタスクをこなそうとする若者は、大きな勘違いをしている。というのも、複雑な2つの作業を同時におこなおうとすると、脳のなかで同じ部位——前頭前野——の取り合いが生じるのだ。

ところが、無意識のうちにそうしたプロセスを経ているため、脳がきちんと機能しているかどうかを自分で把握するのはむずかしい。[11]

授業中、あるいは宿題をしている最中に、テキストやメッセージを打ったり、ネットに接続したりしていると成績が下がる。

ハーバード大学の研究によれば、**注意を分散させていると、情報を記号化しにくくなる**。すると記憶力が低下し、何も思いだせなくなる事態も生じる。

いわゆる「マルチタスク」行為は「認知処理能力を低下させ、より深い学習を妨《さまた》げる」のだ[12]。

人は「目新しいもの」に注意を向けてしまう

マルチタスクをこなそうとすると、瞬時――0・1秒未満――に集中する対象を切り替えるよう、脳が強要される。すると遅れが生じ、切り替えのたびに集中力が落ちる。

こうしたことが積もり積もると、貴重な時間が無駄になるうえ、知力が衰える。マルチタスクをしようとすると、かならず落とし穴にはまるのだ。

それがわかっていながら、なぜ私たちは、またぞろマルチタスクをしようと無為《むい》な努力をしてしまうのだろう？

第1の理由は、なんといっても、**私たちが四六時中、おびただしい量の「邪魔物」に取り囲まれている**ということだ。テレビを観ているときでさえ、画面の下方には、ほかの番組を宣伝する文字が躍っているのだから。

マルチタスクの誘惑に負ける理由はほかにもある。

「目新しさ」への渇望だ。

マルチタスクが間違っていることは承知のうえで誘惑に屈服するのは、私たちが目新しさを求めるからだ。外部からの刺激が現状に変化を起こすと、そうした変化がよいものと認識されようが、悪いものと認識されようが関係なく、アドレナリンが血流を駆けめぐる。

すると、人は目の前にあるタスクより、**新たなタスクのほうに注意を向けたくなってしまう**のだ。[13]

だが、防御策はある。

脳の前頭前野の監視システムは、無関係な情報が流れ込んでくるのを制御する機能をそなえている。この監視システムが、どの情報が無関係で、どの情報に注意を向ければいいかを判断してくれる。

気を散らす要因を減らす術《すべ》を身につければ、私たちは本来の目標を達成することができる。

そのうえありがたいことに、これは習得可能な技術である。

あなた――そう、本書を読んでいる、まさにあなた――にも習得可能なのだ。

Point

何があっても「マルチタスク」をしない

- マルチタスクを試みることにより、あらゆるタスクが混乱する。
- タスク・スイッチング（タスクの切り替え）をすればするほど能率が落ちる。

- ☑ 「干渉しないタスク」「注意を要さないタスク」のみ、同時にすることが可能。
- ☑ 気が散っていると、「状況の変化に対応する柔軟性」が低下する。
- ☑ マルチタスカーは「集中力が続かず生産性も低い」ことが研究でわかっている。
- ☑ 一度に複数のことをしようとすると、脳の「前頭前野」の取り合いが起こる。
- ☑ 人はすでに目の前にあるものより「目新しいタスク」に目を向けたくなる性向がある。

第2章

すべてを一気にシンプルにする

「一点集中術」とは何か？

［神話］シングルタスクは、手が届かない贅沢品だ。
［現実］シングルタスクは、生活必需品だ。

山積みの用事を片づけるもっとも手っ取り早い方法は、一度に1つずつ取り組むことだ。
——サミュエル・スマイルズ

みなさんはいま初めて「一点集中術」を学んでいるわけではない。学びなおしているだけだ。シングルタスクの歴史は、人類が誕生した時代にまでさかのぼる。初期の狩猟採集民は一度に1つの作業に専心していた。人類はそうやって生き延びてきたのだ。

よって本書は、最新流行の生き方を紹介するわけではない。私たちが生来もっている心のあり方を取り戻そうと訴えているだけなのだ。

シングルタスクとは、**「『いまここ』にいること」「一度に1つの作業に没頭すること」**を意味する。

じゃあ、マルチタスクって何だっけ？

そう思ったあなたに、もう一度、お教えする。

マルチタスクとは、絶え間なく気が散っている状態を意味する。

120分間、「鋭い集中力」を維持できる

では、現実にシングルタスクに励んだ人たちの実例を紹介しよう。

2014年、サッカーのアメリカ代表チームはワールドカップブラジル大会の出場

権を獲得し、アメリカ国内では熱狂的なサッカーブームが起こった。開催地サンパウロで、アメリカは決勝トーナメントに進出。ベスト8をかけてベルギー戦に臨み、延長戦のすえ、1対2で敗北を喫した。

この熱戦のヒーローは、アメリカのゴールキーパー、ティム・ハワードだった。ハワードは好セーブを連発し、1試合16セーブという記録を樹立。その見事なプレーを伝える動画は世界各地で繰り返し再生された。

彼はサッカー選手として、アメリカ合衆国が簡単に屈しないことをだれよりも強く示したが、試合後、いいプレーができたのはチームメイトのおかげだと高潔に述べた。

大会前、アメリカチームの下馬評は低かった。

ハワードが「世界一流の選手が揃った世界一流のチーム」と表現したチームは、ワールドカップではまず通用しないだろうと考えられていたのである。

あるコメンテーターがハワードに「120分ものあいだ一瞬も気を抜くことなく、どうやって剃刀《かみそり》のような鋭い集中力を維持したのですか?」と尋ねた。「傍《はた》から見ていると、まるで忘我《ぼうが》の境《きょう》に入っているようでしたが」

するとハワードは、とてつもないプレッシャーに打ち勝ち、数万ものサッカーファンの歓声が聞こえてくるなかで集中力を維持した方法を説明した。

「**ゾーンに入るんだよ。**いったんホイッスルが鳴ったら、ほかのことは何もかも消えてしまうんだ[1]」

すなわち彼は、一点集中術を実践していたのである。

「エネルギー」×「集中力」を生みだす

あなたもハワードのように集中することができる。

ハワードは試合に負けはしたものの、堂々と帰国した。そして、いかにもチャンピオンらしい控えめな誇りを漂わせつつ、「ぼくたちに、あれ以上のプレーができたとは思えない」と述べた。

ハワードが身をもって示したように、シングルタスクはぐずぐずと怠けてすごした

一点集中の作業を続けていると「ゾーン」に入れる

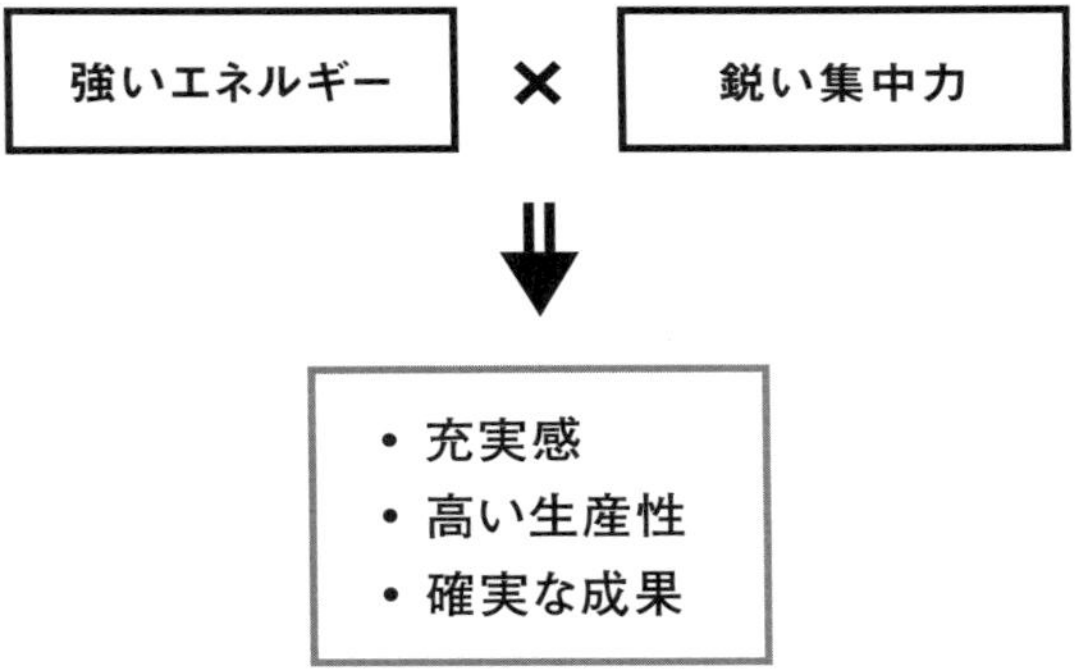

り、漫然と仕事をしたりすることを意味しない。オフィスのシュレッダーに書類を1枚ずつ入れる行為を指すわけでもない。

シングルタスクには「強いエネルギー」と「鋭い集中力」という特徴がともなう。シングルタスクにより見事な成果をあげれば、敬意を得ることもできる。

あなたは自分の選択に100パーセントの責任をもち、最後までやりとげなければならない。目の前の作業に没頭するのだ。

シングルタスクをするには、いまという瞬間、ほかの要求にいっさい応じることなく、1つの作業だけに取り組むことが求められる。

次の作業に着手できるのは、いま取り組んでいる作業を終えてからだ。

とはいえ、なにも目の前の作業をかならず完了しなければいけないわけではない。「この時刻までは、この作業に専念する」と決めた時刻がくるまで、集中すればいい。

かたや漫然とタスク・スイッチングをしていると、それぞれのタスクに時間が余計にかかってしまう。

「空白の時間」に考えていることを意識する

過去を思い起こしてふくれっ面をしたり、未来を案じてヤキモキしたりしていても、情け容赦なく時間はすぎる。こうした**「時間泥棒」**を暗躍させてしまうと、シングルタスクをする権利が奪われる。

私たちはつい、あの失敗さえなければうまくいったのにと後悔したり、起こりそうにないことを案じたりしてしまう。

だが、どちらも時間の浪費にすぎない。とくに、**飽きもせずに同じことを繰り返し**

不安に思うのは、大いなる「時間の無駄遣い」にほかならない。

また、周囲の人をあれこれ批判してばかりいると、当然、能率は下がる。

本来であれば自分の目標を達成するために使える時間を、人の短所や欠点をあげつらうことに費やしていれば、弁解の余地なく、時間もエネルギーも無駄になる。おまけに、そんな真似をしていれば、自分の能力を最大限に発揮することもできなくなる。

こうした事態を打開する第1のステップは「意識すること」だ。

通勤中やミーティングの前の空き時間、何かの列に並んでいるとき、眠りにつくときなど、あなたはどんなことを考えているだろう。

過去のいやなできごとを思い返したりはしていないだろうか？

あるいは、これから自分の人生はどうなるのだろうと、つい心配してしまう癖はないだろうか？

過去についてくよくよと考えるのも不安な将来を思い描くのも、無益なだけでなく、怠惰《たいだ》だとすらいえる。

そうした行為は、「いま」という瞬間を「ここ」で生きる邪魔をする。

私たちには過去を変えることも、未来を予言することも、他人を意のままに動かすこともできない。ただ、いまという瞬間、シングルタスクに集中し、自分の人生、仕事、周囲で渦巻いている世界を、よりよい方向に向けることだけが可能なのだ。

相手の「集中度」を確認する

人に声をかける前に、私はよく確認することがある。

「いまお話しさせていただいてもよろしいでしょうか？　それとも、しばらく待つほうがいいですか？」と尋ね、相手がいま対応できる状態にあるのか、それとも何かの作業に集中しているのかどうかを確認するのだ。

するとたいてい、「どうぞ、かまいませんよ」という返答が返ってくる――実際には、複雑な作業に取り組んでいることもあると思うのだが。

相手が何かに集中していることを察したら、私はすぐに「いいえ、少しお待ちします」と言うことにしている。何かに没頭している相手に話しかけたところで、うまくいくはずがない。
それなのに多くの人が、根拠もなく、2つの作業を同時にこなせるほど自分は能率がよいと思い込み、有害な結果を招いている。

最近、ミーティングに出席したときのことを思いだしてもらいたい。あなたもまた心ここにあらずの状態だったのでは？

こんどミーティングに出席したときは、**「いまここ」にいる練習をしよう。**心と肉体を同じ場所に存在させるのだ。出席する（be present）とは、「いま、この瞬間に意識を向ける」（be present）ことなのだから。

ときには、どれほど無関係なことを考え、うわの空になっているかが自覚できない場合もあるだろう。

次の質問に回答して、自分が目の前のタスクにどれほど集中できているかを評価してもらいたい。

あなたの「シングルタスク度」を測定する

あなたの平均的な1週間を思い浮かべてほしい。そして、以下の質問に対し、0〜5まで、あてはまるスコア（頻度）を選んでほしい。

0から5までのスコアは、冒頭の黒地部分の頻度を参考にすること。

0＝まったくない、1＝ごくたまに（年に1〜4回）、2＝たまに（年に5〜8回）、3＝ときどき（月に1〜3回）、4＝しばしば（週に1〜2回）、5＝よくある（週に3回以上）

1 運転中に携帯電話などのデバイスを使いますか？

2 紹介されたばかりの人の名前を、すぐに思いだせなくなることがありますか？

3　会議やミーティングの最中に、メッセージの返信をすることがありますか？
4　話を聞き流していて、「きみはどう思う？」と意見を求められたとき、答えられないことがありますか？
5　歩きながら、携帯電話などのデバイスをいじりますか？
6　同僚や仲間と一緒にいるときにも、スマートフォンをいじりますか？
7　仕事や作業を進めようと思っていたのに、横道にそれ、ついほかのことをしてしまうことがありますか？
8　約束の時刻や場所を間違えてしまうことがありますか？
9　ノートパソコンで記録をとるふりをしながら、ほかのこと（ネットサーフィン、メールのチェック、メッセージの送信など）をすることがありますか？
10　ほかのことに気をとられていて、エレベーターで目的とは違う階で降りてしまうことがありますか？
11　集中していなかったため、一度読んだ文章やデータを読みなおさなければならなくなることがありますか？

12 一緒にいる相手に意識を100パーセント向けていないことがありますか？

13 食事中もテーブルに携帯電話などのデバイスを置き、しょっちゅう確認しますか？

14 仕事関係の連絡がきたら、たとえ勤務時間外であろうと、すぐに返信しなくてはいけないような気がしますか？

15 重要なメモをその辺にある紙切れに書き留め、そのあとどこにいったかわからなくなることがありますか？

16 1日の仕事を終えるときに「満足のいく仕事ができなかった」「仕事がはかどらなかった」と感じることがありますか？

17 メディアの情報に気をとられ、考え事に集中できないことがありますか？

18 「よくほかのことをしている」「気が散りやすい」と人に言われることがありますか？

19 人と電話で話している最中でも、ネットを眺めたり、SNSをしたり、メッセージに応じたりしますか？

20 忙しくすごしているにもかかわらず、充足感を覚えることができず、能率が上がらないと感じることがありますか？

「スコア」を評価する

各問の答えをすべて足し、スコアを算出しよう。このスコアから、あなたが日常生活でどの程度、シングルタスクを実践できているかがわかる。

スコア0〜25の人

レベル1――シングルタスク上級者

こんなに低いスコアになるとは、すばらしい。あなたは立派なシングルタスク上級者だ。あなたは、まさに「いま」という瞬間を生きている。

スコア26～50の人　レベル2――いい線いっています

あなたは、本書をうなずきながら読んでくださっているはずだ。あなたは1つの作業に没頭しやすいタイプかもしれないし、ふだんの生活で意識してシングルタスクを実践しているのかもしれない。いずれにしろ、あなたは正しい道を進んでいる。

本書を読み進めば、「いまここ」にいようとする探求の旅を、もっと遠くまで続けることができるだろう。

スコア51～75の人　レベル3――希望をもって努力しよう

仕事の面でも生活の面でも、やり方を変え、生産性を上げる方法はたくさんある！このまま読み進み、いまの自分を変えていこう。

自分はどのあたりに
位置するかを確認する

マルチタスカー（スコア100） ←→ **シングルタスカー（スコア0）**

スコア76〜100の人

レベル4——いますぐ急ブレーキを！

本書との出会いは、あなたにとって有意義な一歩となるはずだ。仕事の進め方と対人関係を、これから大幅に改善していこう。そして、大きな成果をあげられるようにしよう。

自分の傾向を知る

自己評価のスコアは、自分のシングルタスクの度合いを可視化してくれる。**上記の矢印の線上のどのあたりに自分は位置するのか、**一度確認してほしい。

「完全なマルチタスカー」あるいは「完全なシングルタスカー」という人はほとんどいないが、私たちにはたいていどちらかの傾向がある。

また、その日――あるいはその週――に感じるストレスや、周囲の状況、同時発生した仕事や用事の数などにより、マルチタスクを試みる度合いが変わってくる場合もある。

では、ついマルチタスクをしようとしてしまうのは、いったいどんなときだろう？　さきほど紹介した「シングルタスク度」を測定する質問と似たような質問を、30種もの多様な職業に就く200人に尋ねたところ、次ページの表のような結果を得た。上から3つめまでの質問にイエスと答えた人の割合は、驚くほど大きい。そのうえ、ほかの質問にも約半数の人がイエスと答えている。

タスク・スイッチングの誘惑はこれほど強いのだ。

だが、そんなふうに注意散漫な状態を続けていると、あなたのキャリア、コミュニケーション、信頼性に悪影響が及んでしまう。

かつて産業革命は、テクノロジー時代への劇的な変化をもたらした。

電信と電話が普及するようになると、突然、人びとはいつでも連絡を取れるように

多くの人がこんなマルチタスクをしてしまっている

次の行動を週に1度以上おこないますか?	イエスと答えた人
パソコンで作業をしていたのに、いつの間にかほかのことをしている。	91%
名前を聞いたのに、しばらくするともう思いだせない。	91%
人の多い場所や交通量の多い道を歩きながら、スマートフォンなどをいじる。	87%
同僚や仲間と一緒にいるときに、メッセージなどに返信する。	52%
電話で話している最中や、ミーティングの最中に、メッセージに返信する。	50%
ミーティングの最中、少し前の発言の内容が思いだせない。	49%

なった。

テクノロジーが日常生活になだれ込み、目の前のできごとや一緒にいる人たちからべつの方向に注意を向けるよう、私たちを誘惑しはじめた。

こうして、シングルタスクを継続するのはいっそう困難になった。

分析心理学の創始者であるカール・ユングは、1925年にアフリカを訪れたとき、こう記している。

「(同行者と私は)アフリカなる世界を経験する幸運に恵まれた。(中略)われわれのキャンプ生活は、私の生涯のもっとも素晴らしい時の一つとなった。私はなお原始時代にある国の〝神の平和〟を享受した。（中略）私と、すべての悪魔の母であるヨーロッパとの間には、幾千マイルもの距《へだた》りがあった。悪魔はここにいる私にまでは手を伸ばすことはできなかった――電報も、電話も、手紙もなく、訪問客もいない。私の解放された精神力は喜び勇んで原始世界の広がりへと逆流した[2]」

「悪魔のテクノロジー」を特定する

ユングは、20世紀初頭ヨーロッパのテクノロジーという「悪魔」から解放された状態を「神の平和」と描写した。そして、電報や電話のない生活を心から慈《いつく》しんだ。さて、それからたった100年しか経過していない現在、電報や電話といった基本的な通信手段は、プライバシーや心の平穏をおびやかすほどのものではなくなった。では、あなたにとって「悪魔のテクノロジー」の現代版とは、いったい何だろう？

その答えとして頭に浮かんだものを、すべてリストにして書きだそう。

それはスマートフォンなどのデバイスかもしれないし、ソーシャルメディアのプラットフォームかもしれない。

2〜3分程度で、ノートなどにリストを書きだしてみてほしい。一覧化して意識することが、その脅威と距離を置く第一歩になるはずだ。

現代の私たちは生身の肉体をもち目の前に存在している人の話をろくに聞かず、ここにいない人たちともっぱら電波を利用して会話している。

だが、一点集中術を実践すれば「いまここ」に立ち戻り、対人関係を立てなおし、本物の交流を取り戻すことができる。

ようこそ、わが友よ、シングルタスクの明るくさわやかな世界へ。

さあ、本腰をいれてもらいたい。これから、あなたと脳との関係を少々、説明する。どこへ行くにせよ、あなたは自分の脳と行動をともにしているのだから。

Point

「いまここ」に集中し、「1つ」だけに没頭する

- ☑ 「いまここにいること」「一度に1つの作業をすること」を徹底する。
- ☑ シングルタスクに専心すれば「ゾーン」に入ることができる。
- ☑ シングルタスクは「エネルギー」×「集中力」を生みだす。
- ☑ 空白の時間に「繰り返し同じ悩みを考えること」が無駄に時間を奪っている。
- ☑ ミーティングの最中は、心と肉体を同じ場所に存在させる。
- ☑ 「シングルタスク度」を測定して自分を知り、改善点を検討する。
- ☑ SNSや電話の相手より、「目の前にいる相手」をつねに優先する。

Part 2

行動を変える

目の前の仕事に専念しなさい。
太陽の光も、一点に集中しなければ
発火しないのだから。

アレクサンダー・グラハム・ベル

第3章 脳の「集中力」を最大化する

脳がエネルギーをだせる環境をつくる

［神話］マルチタスクは、有能であることの証明だ。
［現実］シングルタスクは、自律心と集中力があることの証明だ。

思考を明晰にし、シンプルにするには、相当の努力をしなければならない。だがそれだけの価値はある。そうなれば山をも動かせるのだから。
——スティーブ・ジョブズ

これまで説明してきたように、一点集中術とは、周囲の環境と自分の思考をコントロールすることを意味する。これは、たんなる行為を指すわけではない。自制心を発達させることでもある。

初対面の人と会い、名乗ってもらったにもかかわらず、すぐにその名前を忘れてしまったことはないだろうか？

その場合、相手が「ピーターです」と名乗ったときに、あなたは十中八九、まったくほかのことを考えていたのだ。

紹介されたばかりの相手や、会話を続けている相手の話に完全に集中できないのであれば、**それは小脳がコントロール力を失っている証拠**である。

私はこうした症状を「脳散漫症候群」と名づけた。

脳が散漫になる理由の1つは、人には1つの思考にじっくりと向きあうのを避けたがる性向があるということだ。

あなたは自分の「思考」「認知」「反応」を、つねに意識してコントロールしているだろうか？　それとも外部の何かが変化すれば、自分の人生はどれほどよくなるだろうと漠然と想像し、脳を無駄づかいしているだろうか？

スムーズかつ優美に日々を送れるよう、注意を向ける対象を慎重に選んでいるだろうか？　それとも無数の思考が同時に頭のなかを駆けめぐっていても、その状態を放置してしまっているだろうか？

シングルタスクを実践すれば、あなたは手綱《たづな》を締めなおし、最優先の課題を明確にすることができる。

「他人の要求」より自分を優先する

いっぽうマルチタスクの誘惑に負けてしまうのは、たいてい、他者の期待や要求に応じねばならないという義務感に駆られているときだ。

すると本来、自分が優先したいと思っていたことを後回しにしてしまう。そんなとき、あなたのなかにはたいてい「相手に高く評価されたい」という欲望があり、それが不安感を引き起こしている。

外部からの刺激に抵抗するのがむずかしいことは、本書も含め、さまざまなメディアでとりあげられている。なにしろ、多様なデバイスが「一点集中の原則」を破らせようと私たちを誘惑しているのだから。

本書では、こうした「邪魔物」の管理法を紹介していくが、いずれにしろ、メディア、スマートフォン、タブレットへの反応を、自分で意識してコントロールしなければならない。

外部からの刺激を処理する責任は、あなたにある。ところが大半の人はそれを環境のせいにして、自分自身を見つめようとしない。自分の内面を厳しく見つめるより、**外部からの刺激に身をまかせてしまうほうがラクに決まっている**からだ。

人気コメディアンのルイ・C・Kはそうした事態について、「人間は1秒たりとも孤独になりたくないからと、命を落としたり人生を破滅させたりするほどの危険を冒している。それほど、孤独と向きあうのはつらいものだ」と述べている。[1]

あなたは現実の人生の難題に、真正面から取り組んでいるだろうか？　それとも、そうした難題を見て見ぬふりをして生きているだろうか？

あなたは人間として成長するための時間を、週に何時間、設けているだろう？　その反対に、オンラインで漫然とすごしているのは週に何時間だろう？

自分のデバイスをコントロールする以前に、**あなたは自分の意志をコントロールしなければならない。**

正しい道を進むのは簡単なことではない。まず、ささやかな努力から始めていこう。

「シンプルに考える」ための時間をつくる

「シンプルに考える」こともまたむずかしいと感じている人が多い。

シンプルに考えたいのなら、1日のあいだに「ひとりでじっくりと考え事をする時間」を決めるのがいい。

たとえば私の場合、毎日10〜15分ほどの時間をかけ、日記をつけることにしている。するとと頭のなかを整理し、自分の考えを客観的に見られるようになる。

なかには、散歩をすると頭のなかがすっきりする人もいるだろう。ほんの数分瞑想するだけで、1日がはるかにスムーズに進むという人もいるだろう。

あなたの生来の傾向にあわせたやり方を選ぶといい。自分が楽しめるものを利用し、頭のなかを整理し、すっきりさせる方法を工夫しよう。1日にたった5分間をそうした時間にあてるだけでも、十分価値はある。

もうひとつ、意識を集中させるためのシンプルな方法がある。いまの状況において、自分にとって「もっとも大切なこと」を決め、責任をもってやりとげるのだ。

「複数の要求」に直面すると脳機能が落ちる

本書をきちんと読めば、脳に関する驚くような科学的知見を得られる。たとえば、次のような知見だ。

競い合うように押し寄せる多数の刺激に身をさらしていると、脳が縮む。

前頭前野は過剰なストレスにつねにさらされていると、縮んでしまう。扁桃体も萎縮し、恐怖、攻撃、不安といったネガティブな感情が脳に氾濫《はんらん》する。すると脳の灰白《かいはく》質《しつ》が縮み、認知機能がうまく働かなくなる。[2]

多くの成果をあげようと頑張りすぎると、明晰な思考ができなくなるのだ。度を越した多忙な生活を続けていると、思考と感情をつかさどる脳組織の萎縮を招く。

MRI（磁気共鳴画像）を見ると、競い合うタスクのあいだで脳がもがいている様子がよくわかる。[3]

優先順位をつけることができない複数の要求にさらされると、脳は圧倒され、うまく機能しなくなる。というのも、マルチタスクを試みると、情報処理能力を低下させるコルチゾール（別名ストレスホルモン）が分泌《ぶんぴつ》されるからだ。

するとストレスが生じ、脳のニューロン（神経細胞）が萎縮し、問題を解決したり、感情を調整したり、逆境に負けず立ちあがったり、衝動をコントロールしたりする能力が低下する。[4]

では、どうすればいいのか？　たくさんのことを同時にやろうとしてカリカリせず、定期的に休憩をとることを心がけよう。

「フロー」に入ると、シングルタスクになる

「没頭する」とは、目の前の作業に完全に集中することを意味する。

ある作業に完全に集中すると、私たちは「フロー」の状態に入る。

「フロー」とは心理学者のミハイ・チクセントミハイが著書『フロー体験 喜びの現象学』（今村浩明訳、世界思想社）で紹介した考え方だ。[5]

1つの作業に没頭すると「フロー」の状態が生まれる。すると、**その行為に完全に集中し、ふだんよりずっと高い能力を発揮できるようになる。**

どんなときに没頭しやすいかは、その人の関心事や行動スタイルによって変わってくる。絵画や写真などのビジュアルアート、スポーツ、音楽、ダンス、料理、読書、ハイキング、手工芸、ボランティア活動、ゲームといった勝負事など、人によってフロー状態に入りやすい活動は異なる。

たとえば、切手収集をしているときに、もっともフロー体験ができるという人もいるかもしれない。

だが、タスク・スイッチングをしていると、「フロー体験」をできる可能性がゼロになる。

マルチタスクは「**モンキーマインド**」を体現する。「モンキーマインド」という言葉は仏教の教えに由来し、落ち着きがなく、せわしなく、気まぐれでむらがあり、混乱していて、自制のきかない精神状態を指す。

そうした精神状態は「フロー」や「没頭」した状態の正反対だ。このことからも、**フロー体験をするためにはシングルタスクを実践しなければならない**ことがわかる。

1つの作業に没頭すると、創造性が高まり、自信をもてるようになり、すばらしい成果をあげられるようになる。1つのタスクに専心すれば、次のような結果が生じる。

・エネルギーが増し、幸福になり、安心感を覚える

・積極的になり、良質なユーモアを発揮できる
・充実感、達成感を味わえる

また、一度に1つの作業に没頭していると、次のものを撃退できる。

・ストレス、プレッシャー
・自己不信、不安
・倦怠《けんたい》感、注意散漫

何かに没頭すると、自然にシングルタスクをすることになる。

私の同僚は、尊敬している人物が隣の席に座り、こちらの仕事ぶりに目を光らせているところを想像し、気を引きしめているという。

本書では、シングルタスクに取り組む能力を高め、「フロー」状態に入る方法をほかにも紹介していく。

会議を効率化する「パーキングロット」

一点集中術を実践したいからといって、目の前の作業とは直接関係のないことをぜったいに考えてはならないわけではない。もし、進行中の作業とは関係のない件が頭に浮かんだら、その考えをひとまずわきに置き、あとで時間ができたら対処する習慣を身につけよう。

職場でよく会議やミーティングに出席している読者は「**パーキングロット**」（駐車場）という手法をご存じかもしれない。

会議やミーティングでは、話題があちこちに飛んでしまい、結局、たいした成果をあげられないということがよくある。

たとえば、新たな報告システムについて話しあうために会議をしたにもかかわらず、だれかが途中で「半年ごとの勤務評定が必要じゃないか」と言いだしたとしよう。その指摘自体は考慮する価値があるとしても、本来の議題とは無関係だ。

ところが、その後も議題とはあまり関係のない話題が次々と挙げられ、議事進行が妨《さまた》げられると、ついには全員が身動きできなくなってしまう。室内には、時計のカチカチという音が不気味に響きわたるばかり。

そんなとき、この「パーキングロット」という方法が力を発揮する。

会議の進行役がホワイトボードに、話題に挙がった、本来の議事とは無関係なテーマを、あとで話しあうために記録しておくのだ。こうしておけば、内容が一目瞭然となる。

メモすることで「集中」が可能になる

このテクニックは、ひとりで働いているときにも応用できる。

1つの作業に集中している最中に、ほかのことについてのアイデアがひらめいたら、あとで考えられるようにそれを書き留めておくのだ。

何らかの作業に取りかかる前に、**決められた場所に自分専用の「パーキングロッ**

ト」を用意しておくのがいいだろう。

それはスマホの「メモ」機能でもいいし、紙のメモ帳でもいい。ただし付箋《ふせん》やレシートの裏側、ダイレクトメールの封筒などに書き留めるのはやめておこう。

私自身、こうした手近の紙に走り書きをして、結局、その行方《ゆくえ》がわからなくなったという経験を何度もしてきた。

アイデアがひらめいたり、何か重要なことを思いだしたりしても、それが現在の作業と無関係なら、そちらに注意をそらしてはならない。ひとまずそれを書き留め、すぐに本来の作業にもどろう。

あとで思いだせる自信があるなら、メモを残す必要などない？

いや、それは通用しない。なぜなら……

メモ帳とちがって、**あなたの頭は100パーセント正確に記録を残すことができないからだ。**

ちょっと作業の手をとめ、メモをとるだけなら、シングルタスクの集中力が弱まることはない。

たとえば、あなたが自然光の下で働いているとしよう。

夕方になり、陽が翳《かげ》りはじめ、室内は暗くなってきた。それでもあなたは断固として座ったまま、「いまはこの作業に集中しているから、ぜったいにライトをつけるような真似はしない」と思うだろうか。それとも、ちょっと立ちあがり、ライトのスイッチを入れ、作業にもどるだろうか。

懸命に目をこらして作業を続けるより、灯りをつけるほうがいいに決まっている。暗がりのなかでひたすら作業を続けるのが馬鹿げているように、周囲の環境をととのえてスムーズに作業を進められるようにする努力や、頭に浮かんだアイデアをメモに残して本来の作業に専念する努力は「一点集中」のために欠かせない。

とんでもない名案がひらめいたら、それを逃したくないからこそ、私はすぐに紙に書き留める——あとで徹底的に考え、可能性を広げるために。

反対に、書き留めるというただそれだけの行為を怠れば、私はすぐにその名案を忘れてしまうだろう。あるいは、頭の中心にそのアイデアを据えておこうとするだろう。すると結局、本来の作業に集中できなくなる。

一言、二言を書き留めるだけで、頭のなかがすっきりするし、気も散らなくなる。

メモをとらなかったばかりに「アイデアを忘れてしまった」「命じられた仕事をするのを忘れてしまった」「締切りを守れなかった」「提出物をだすのを忘れた」といった体験談を、これまで大勢の人から聞いてきた。

脳はものごとを完全に記憶できるわけではない。人によって記憶力のよしあしがあろうと、そんなものとは関係なく、各自が自分の思考プロセスを管理するシステムをつくらねばならない。

スマートフォンを「分離」する

私たちは、多機能デバイスの世界に暮らしている。とくにスマートフォン——いわば現代版の十徳ナイフ《アーミー》——には機能が満載されている。1台の電話が、カメラ、目覚まし時計、地図、おまけに懐中電灯の役割まではたすようになると、20年前にだれが想像しただろう？

複数の道具がはたす機能が、たった1つのデバイスに集約されているのだ。そして、それこそがスマートフォンの利点であることは、世間に広く認められている。そこには欠点など何ひとつないように見える。


だがこんな光景を思い浮かべてもらいたい。

多忙をきわめた1日がようやく終わろうとしている。あなたは就寝の準備をととのえている。目を閉じる寸前、あなたは翌朝にそなえ、アラームをセットしていなかったことを思いだし、スマホを手にとる。すると、思わぬことに3通もメールがたまっていたことがわかる。

このちょっとした行為が、不眠を招く。

世界各国の睡眠の専門家は、**就寝前には平穏で静かな時間を設け、気持ちよく睡眠に移行できるようにすべき**だと提言している。

読者のみなさんもこれまでに、本を読んでいたら自然と眠くなり、まどろんでしまった経験がおありだろう。

ところがルールを設けることなく、むやみにデバイスを使いつづけていると、心は穏やかになるどころか、どんどんささくれだっていく。

私は以前、目覚まし時計を使っていた。それも、複数の目覚まし時計を使わなければ、目が覚めなかった。

だが、ある時期から、スマホのアラーム機能を使うようになった。

なによりありがたかったのは、出張の荷物が減ったことだ！　だが、それと同時に、**私の1日は「ツイート」「メッセージ」「メール」の猛攻撃で始まるようになった。**

深夜だって油断はできない。

うっかり真夜中にスマホのほうをちらりと見てしまい、つい、ストレス満載のメッセージを読んでしまったら？

ふたたび至福の眠りに落ちるのはまず無理だ。

ネットがつねに「欲求」を生みつづける

また一時期、スーパーにでかける際、買い物リストをスマホの「メモ」機能に書き留めていたこともある。そうすれば、いつでも買うべきモノを書き足せるし、メモを忘れてスーパーにでかけることもない。スマホなら肌身離さずもち歩いているからだ。

ところが、やはりここにも落とし穴があった。

スーパーでカートを押しながら歩いている最中にも、**クライアントからの電話やメールに気づいたり、インスタグラムを見たりするようになった**のだ。おまけに、小さな画面に目をこらし、うつむきながら歩くようになってしまった。

もちろん、コンピュータには心から感謝している。コンピュータのおかげで、ワープロ時代より格段に編集作業が楽になった。だがその一方で、インターネットが「もっと見たい」という欲求をひっきりなしにかきたててくる。

以前、「ニューヨーカー」誌にこんな風刺漫画が掲載されていたことがある。

ひとりの男がパソコンを眺めている。ポップアップ画面には**「インターネットはあなたの能力を低下させることを望んでいます。どうしますか?」**と書いてある。クリックするオプションは一つしかない――「つねに許可する」[6]。

スマホの代わりに「ストップウォッチ」を使う

私は、自分がスピーチをするときは「お手元のデバイスをサイレントモードにしてください」と頼むことにしている。どうしてもメールなどを打たなければならない場合は、いったん退席し、室外で用事をすませてもらう。そうすれば出席者全員と共有する空間を邪魔されずにすむからだ。

事前にこう頼めば、出席者はたいていスマホをしまってくれる。すると、ときには数百人もの出席者が、同じ空間にいる相手の言葉に集中しはじめる。そうした光景を見るのは、じつに気持ちがいいものだ。

そのいっぽうで、私はスピーチの内容に工夫をこらし、ワークを組み込むなど、出席者が何らかのかたちで参加できるようにしている。

そうした場で時間配分が必要な場合、スマホのタイマー機能を使うのが便利だ。だがこれでは利害の対立が生じてしまう！　スマホのタイマー機能を使うことで、スマホのほかの機能ともつながってしまうからだ。

幸い、この問題は簡単に解決できた。**昔ながらのストップウォッチをさがしだし、首から紐でぶらさげることにした**のだ。

これが案外、オシャレだった。

読者のみなさんも、スマホの代わりにストップウォッチや目覚まし時計を使ってみてはいかがだろう？　いまではすっきりしたデザインのものも多く、出張用の薄型の目覚ましなどもある。

私たちの脳は、簡単に脱線したり、横道にそれていったりする。だから、買い物にでかける前には、買うべきモノのリストを紙に書き留めておこう。あるいは、プリントアウトしてもいい。

また、パソコンで細かい作業をするときには、ネットとの接続を遮断し、目の前の作業に集中しよう。

モノではなく「自分」がコントロールする

私が「一点集中」の本を執筆していると知った同僚が、こんな話をしてくれた。いま、多くの現代人がデバイスの利用をうまく自制できずにいる。これは、しつけができていない子犬と同じ状態かもしれない。子犬はありあまるエネルギーとその愛くるしさで人の心をとらえる。子犬はまた可能性のかたまりでもある。とはいえ、**子犬にはしつけ、すなわちトレーニングが必要だ。これはスマホにもあてはまる！**

世間には、だんだんお行儀がよくなり、愛すべき家族の一員になる子犬（もしくは電子機器）がいるいっぽうで、こちらの正気を失わせ、行く先々でカオスを生みだす子犬（もしくは電子機器）もいる。

その違いはどこにあるのか。

答えは明快。トレーニングの有無、すなわちしつけができているか、できていないかの差だ。

そろそろ、あなたのスマホにもしつけをするべき頃合いだ。

「静かに」「おすわり」「テーブルに乗るな」など、厳しいトレーニングを始めよう。

悪いのはスマホではない。スマホを甘やかし、つねにスマホに触れている、あなたの指が悪いのだ。

この問題から目をそむけつづけていると、**「状況をコントロールする責任はつねに自分にある」**という基本的な考え方を忘れてしまう。

そして問題の原因をメディアのせいにしたり（「しょっちゅう情報が更新されるんだよ」）、仕事のせいにしたり（「資料が山積みなんだよ」）、他人のせいにしたり（「しつこく話しかけてくるんだよ」）してしまう。

だが、そんな非難こそ無益というものだ。

邪魔物を防ぐ「フェンス」を設ける

日常生活には「集中力を奪う邪魔物」があふれ、私たちを襲いつづけている。その猛攻撃を無視するには超人的な強さが必要だと思えるかもしれない。

だが私にも、そんな強さはない。目の前に、揚げたてあつあつのチーズソースがけフライドポテトを置かれたら、一つ残らず食べてしまうだろう。

とはいえ、それが魔法のように目の前に出現しないかぎり、べつにフライドポテトなど食べなくても1日をすごすことはできる。フライドポテトを食べなくても、何の問題もない。

同様に、**「誘惑」と距離を置けば置くほど、私たちは意志の力を保つことができる。**問題の原因はテクノロジーにあるわけではない。問題の根幹は、あなたがテクノロジーを扱うやり方にある。

たとえば、こんな光景を想像してもらいたい。

あなたは自分のデスクに座り、クライアントと電話で話している。椅子の背にもたれて会話を続けていると、目の前のノートパソコンのスクリーンに、メッセージがぱっと表示される。近所のタイ料理店にランチを買いにでかけている同僚からのメッセージだ。「何か買っていこうか？」

お気に入りのタイ料理店のテイクアウトを食べるチャンスを逃したくない。そう思ったあなたは、欲しい料理の名をすばやく打ち込む。

そのとき、クライアントの声が耳に届く。「では、このプランにご賛同いただけるということで、よろしいでしょうか？」

だが、クライアントがそう質問する前に何と言っていたのか、あなたはまったく聞いていなかった……。

こうした状況にはいくらでもバリエーションが考えられる。

たしかに「同僚の誘いにすぐに返信しない」という選択をするのはむずかしい――

ほんの数秒、時間を割くだけで、安くておいしいランチにありつけるのだから。

ところが、そのちょっとした行為の代償は、ランチ代などとは比べものにならないほど高くつく。

賭けてもいい。クライアントは、自分の質問とあなたの返事のあいだにわずかな間があいたことに気づいたはずだ。そして「申し訳ありません、もう一度繰り返していただけますか」という言葉を聞き、あなたへの評価を上げることは、まずない。

どんなメッセージがきても絶対に返信してはならないと、厳禁するつもりはない。誘惑に打ち勝つのは、並大抵のことではない。だから、誘惑はつぼみのうちに摘《つ》みとってしまおう。「邪魔物」の侵入を防ぐために「フェンス」を設けるのだ。

ミーティングに集中しなければならないときに、電話がかかってきたり、重要なプロジェクトや作業のことが頭に浮かんだりすると、気が散る。

だから私は、そうした事態が生じないよう、先手を打っている。

作業空間を最適に整えるのだ。

電話やメール受信など、音が鳴りうるものはすべてミュートにする。じつはミーティングのないときでも、私はたいていミュート設定にしている。メッセージやSNSの通知設定もオフにしている。

もしこうした機能をオンにしておきたいのなら、ミーティングの最中や、会社の電話を使用している最中は、スマホをどこかにしまっておく、カバーをかけておく、画面を下に向けて置くなどの工夫をしよう。ちらっと見るのも禁止だ。

そしてなにより、デスクの上はきちんと片づけておこう――**散らかった状態もまた注意散漫の原因となる。**

電話は「タイムリミット」を決める

私は幸運にも、窓からの眺望を楽しめるオフィスで仕事をしている。だから電話に集中したいときは、デスクに背を向け、景色を眺めることがある（このテクニックは、実際に相手と顔をあわせているミーティングで使えば逆効果で、相手は激怒するだろうが）。

また、電話をかけてきた相手にシングルタスクで集中して対応したいものの、かかりきりになっている時間があまりないという状況もあるだろう。

その解決策はシンプルそのもの。**最初に、時間があまりないことを先方に知らせる**のだ。

「お電話くださり、ありがとうございます。あすのミーティングの打ち合わせをさせていただくのに、15分お時間を頂戴できれば幸いです」

そして残り時間が5分になったら、ていねいにそう知らせよう。

そうすれば15分という短い時間、通話だけに集中することができる。

なかには、電話の相手にこちらの姿が見えないのなら、こっそりほかのことをしてもかまわないと誤解している人がいる。だが、こうした誤解を捨てれば大きな成果をあげられるようになるし、長期的に見れば時間の節約にもなる。

心ここにあらずの状態で長時間、電話を続けるよりも、短時間、相手の話に100パーセント集中するほうがよほどいい。相手の話に完全に集中すれば、あなたが先方の時間を尊重していることは確実に伝わる。

ウェブサイトは「毎回」閉じる

同様のテクニックは、パソコンでシングルタスクをしている際にも活用できる。さすがにパソコン画面を覆ってしまったら仕事ができないが、通知をオフにすることはできる。

また、閲覧《えつらん》したウェブサイトは用がすんだら閉じて、ブラウザのタブもできるだけ使わないようにしよう。

同僚には、しばらくメールや電話で連絡がとれないことを事前に知らせておこう。「この時刻までは集中して仕事をする」と決めた時刻がくるまで、**連絡を返したいという衝動に負けない**ことだ。

最後に、自分の手持ちのデバイスの機能をよく知ろう。

シングルタスク生活を送るうえで活用できる機能やアプリは内蔵されていないだろ

うか？　たとえば家族や特定の相手からのメッセージだけを画面に表示できる機能はないだろうか？

また大半のデバイスには「おやすみモード」機能があり、オンにしておけばその時間帯は着信や通知の音が鳴らなくなる。ポップアップ・メッセージが邪魔な場合は、ホーム画面にポップアップ・メッセージを表示しないようにする機能もあるはずだ。

こうした「フェンス」を設ければ、あなたはスムーズに一点集中を始められる。

邪魔物は撃退してやる！　そう考え、士気を上げていこう。

Point

脳が力を発揮できる「最高の環境」をつくる

- ☑「他者の期待に応えること」より、「自分がやりたいこと」を優先する。
- ☑「シンプルに考える」ための時間を毎日「5分以上」確保する。
- ☑マルチタスクを続けていると、「コルチゾール」が分泌され、脳機能が低下する。

☑ 煩雑な情報の中で「1つ」にフォーカスするために「パーキングロット」を使う。

☑ 「メモ」をとることで、脳に負担をかけずに記憶を管理する。

☑ デジタル機器をアナログ機器に換えるだけで「集中力」を上げられる。

☑ 電話や打ち合わせの際は、先に「タイムリミット」を伝える。

第4章

全行動を「1つずつ」にする

最大の成果をもたらす1日の行動法

［神話］シングルタスクは能率が悪い。
［現実］シングルタスクは仕事や用事を完了するうえでもっとも能率がいい方法だ。

仕事をきちんと仕上げる時間はいつもないのに、ゼロからやり直しをする時間ならいつもある。
——ジャック・バーグマン

あなたはよく、あれやこれやの用事を片づけることができず、押しつぶされそうな気持ちになっているかもしれない。

ところがそのいっぽうで、同じ1日のうちに、山ほどの仕事をこなしている人もいる。

いったい、この違いはどこから生じるのだろう？

「ハーバード・ビジネス・レビュー」誌が、**きわめて能率がいい社員の働き方**について特集記事を組んだことがある。[1]

こうした社員は、出社後すぐに仕事に取りかかるうえ、1日のあいだに何度か休憩時間を設けていた。日々のスケジュールにリフレッシュする時間を組み込むことで、結局は能率を上げているのだ。

そのうえ、かれらはランチタイムにもシングルタスクに励んでいた——昼食を楽しんでいるあいだは、いっさい仕事をしないのだ。

メモをとっておこう！

〈休憩を定期的にとるほうが、かえって成果をあげられる〉

しっかりと休憩し、自分を「オフ」にする時間があるからこそ、「オン」のときに集中できるのだ。

とはいえ、「しなければならないこと」が山積みになっているのに、はたして休憩をとりながら1日を乗り切ることができるのだろうか？

「午前中」に何を終わらせるべきか？

ひょっとするとあなたは「もうムリ！　やることが多すぎて窒息しそう！　どうにかしてくれ！」などという無益な考えにとりつかれることがあるかもしれない。

大丈夫、解決策はある。私はこれまでさまざまな職業の人たちに、

「午前中に片づけてしまいたい仕事にはどんなものがありますか？」

という質問をしてきた。

そこで得た回答をリストにまとめ、職業による特徴を一般化し、午前中の仕事の進め方を2つのパターンに分けた。

主人公は仮にデイヴとしよう。デイヴは午前中に次の仕事をすませたいと考えている。

・内容の最終チェックをして、クライアントに提案書を送る。
・社内のスタッフミーティングに出席する。
・直属の部下の勤務評定をする。
・電話会議に参加する。
・CIO（最高情報責任者）に会ってもらうアポをとる。
・200通以上の受信メールに必要があれば返信し、不要なものは削除する。
・転職希望者への推薦状を書く。

このほかにも、重要な顧客へのプレゼンを午前中に終える予定の妻と、オフィス近辺のレストランで12時15分からランチをとる約束をしている。

無策の午前
――第1のパターン

デイヴは出社すると、まっさきに食堂に向かい、コーヒーをカップについだ。食堂にはリサとテッドがいて、**昨夜の親睦会について15分ほど話を聞かされた**。雑談中、かれらは何度か笑い声をあげた。こうして同僚と親睦を深めて1日を始めるのはいいものだと、デイヴは自分に言い聞かせた。それに、無愛想なやつだと思われたくない。

ようやくオフィスに到着すると、デスクにメモが置かれていた。きのう退社したあと、経理部の新マネジャーが伝言を残していったのだ。どうやらアップグレードした給与計算システムにデータを入力する必要があるらしい。

そこで、彼はしぶしぶ経理部に向かって歩きだす。**仕方ない、用事は忘れないうちにすませてしまうにかぎる**、とぼやきながら。

オフィスに戻ると、書類の束をもった部下のネルソンが待ちかまえていた。

ネルソンは「マーケティングチームが無能きわまりないんですよ」と痛烈な非難を始め、その証拠として宣伝用チラシを振りかざす。

デイヴはその話をいいかげんに聞きながら、メールの受信箱をクリックし、即座に削除できるものをチェックしていく。もちろん、上司として部下の支援に力を惜しみたくはないが、**同時に自分の作業を進めないと仕事が片づかない。**

ちょうどそのとき、ベティがドアのところにさっと顔をだし、「スタッフミーティングが始まります」と告げた。デイヴ以外は全員、すでに会議室に集まっているという。

デイヴは「すまない、失礼するよ」とあわててネルソンに言い、タブレットをひっつかみ、ベティのあとを追い、ドアの外にでた。これで、少なくともネルソンからは逃れられたというわけだ。

デイヴはスタッフミーティングを毛嫌いしている。だからミーティングのあいだはメモをとるようなふりをして、大半の時間、テーブルを挟んで正面に座っているテッドとメッセージのやりとりをしている。

と同時に、増えるいっぽうのメールの山を減らすべく、数通のメールに返信をする。

しばらくすると、上司のグレースから意見を求められたが、何の意見も述べられない。

そもそも、何が話題になっているのかさえわからないのだ。

そこで彼は、「ここのところ年齢のせいか耳が遠くなってきたので、よく聞こえませんでした」と、その場をとりつくろった。ほどなく、ミーティングはようやく終了した。

1日は猛スピードですぎていく。

直属の部下のカリッサには「申し訳ないが勤務評定はまた延期させてくれ」とメッセージを送る。

そして正午までに提出しなければならない重要な提案書に急いで目を通しはじめる。

やがて電話会議が始まるが、デイヴはまだ提案書にこっそり目を走らせている――やむをえない、そうしないと間にあわないのだ。

そして、ついに送信ボタンを押し、提案書を送信するが、しばらくすると、いくつかのデータに不備があったことを思いだし、あわてて「午後になったらフォローアップのメールを送る」「データにあやまりがあれば修正する」とメモをとる。

そして、**おそろしく長くなった「することリスト」のいちばん上に、その内容をつけくわえる。**

そのあと、デイヴは階段を駆けあがる。今週、ＣＩＯと打ち合わせをするアポをとるには、ＣＩＯのアシスタントとじかに交渉するほうが得策だと考えたからだ。ところが、当のアシスタントはミーティングに出席中だという。そこで彼はミーティングが終わるまで待つことにする。

そのとき、ふいに、転職希望者に推薦状を書いていなかったことを思いだす。結局、妻とのランチの約束時刻に15分遅刻し、午前中、思うように仕事ができなかったことを腹立たしく思いながら食事を始める。

シングルタスクの午前
——第2のパターン

午前中、スケジュールがぎっしり詰まっていることを、デイヴはよく自覚している。そこでいつもより20分早く出社し、まだ人気のない給湯室でコーヒーをカップにそそぎ、オフィスに入る。

そして、午前中に片づけるべき仕事のリストに5分間目を通し、**不要と思われる項目を消去し、重要と思われる項目にマーカーを引く**。

次に、重要な仕事にあてる時間を捻出《ねんしゅつ》する方法を思案する。

そして上司のグレースに「重要な仕事を正午までに仕上げなければならないため、定例のスタッフミーティングには前半だけの出席とさせていただけないでしょうか」とメッセージを送る。ただしそのあいだはミーティングにしっかりと集中するということも説明する。

それから転職希望者への推薦状をすばやく作成し、メールで送信する。

そのあとの30分は、クライアントへの提案書の見なおしにあてる。

パソコンとスマホの通知をオフにし、静かな環境で、注意深く提案書を読み直し、間違いがあれば訂正する。そして自信をもってクライアントに提案書を送信する。

デイヴは、これほどスケジュールが過密になる前から、直属の部下カリッサと勤務評定をする予定をいれていた。

カリッサがやってくると、デイヴはカリッサに**時間が15分しかないことを説明する**が、そのあいだはきみに完全に集中するからと言い添える。と同時に、そのあいだはぜったいに邪魔が入らないことを保証する。

ところが突然、ネルソンがハリケーンのような勢いで近づいてきた。そしてマーケティングチームの無能ぶりについて、大声で怒りをぶちまけはじめた。

デイヴはネルソンの話をさえぎり、「いまミーティングの最中だから遠慮してくれ」と伝える。そして親しみをこめた、だが断固とした口調で、話があるのならアポをとるよう伝える。そしてすぐにカリッサの勤務評定に戻る。

デイヴは**社内のスタッフミーティングに前半だけ出席したあと、メールを整理する。**必要なメールには返信し、不要なものは削除する作業に15分を費やす。そして依頼があった仕事をいくつか部下にまかせ、その内容をチーム全体にメールで知らせる。一度に集中してメールを整理すれば、信じられないほど大量のメールを受信箱から消去できることを実感する。

電話会議まであと数分あるので、ＣＩＯのアシスタントに電話をかけ、週の後半にＣＩＯと会うアポをとれないか尋ねる。だが「いますぐは対応できない」との返事だったので、ＣＩＯのスケジュールが空いている時間をのちほどメールで知らせてくれるよう言質《げんち》をとる。

電話会議が始まる。本音をいえば電話会議はあまり好きではないが、会議中は積極的に発言することを心がけている。

電話会議の最中に、こっそりメールやメッセージのやりとりをしたいという誘惑に駆られることもある。

だが**本気で会議に参加していなければ、それは相手に伝わる**ものだし、それでは職業人の倫理に反すると、デイヴは考えている。

そして電話会議の話題が、自分には貢献できない分野に移ったところで退席する。

オフィスをでると、妻と約束したランチの時刻までまだ余裕があったので、途中で花束を買い求めた。

「2つのパターン」を比較する

デイヴが「第2のパターン」で活用したテクニックのなかで、あなたにも利用できるものがあれば、それを書きだそう。

たとえば、**毎朝、仕事を始める前にほんの3〜5分でかまわないから、今日すべき仕事の予定を立てよう。**

そうすれば、仕事に追われて1日を受け身の対応ですごすのではなく、先を見越して行動を起こし、積極的に1日の仕事を進められるようになる。

つねに何かに追い立てられるようにして1日をすごすのではなく、もう少し腰を落ちつけて仕事を進めるために、はたしてどんな工夫ができるだろう？

たとえば部下や後輩に仕事をまかせる（「完全支配の放棄」とも呼ぶ）ことを想像するだけで、たらたらと冷や汗をかく人は多い。

だが人に仕事をまかせれば、自分の時間が増えるだけでなく、**一緒に働いている人たちの能力を伸ばし、後進を育てることもできる。**

さらには、経験を積む必要がある部下に仕事をまかせていれば、今後、実際に仕事が山積し、どうしようもなくなったときにも躊躇《ちゅうちょ》せず安心して仕事をまかせられるようになる。

毎日の作業を「3日分」書きだす

あなたがおこなう作業を3日分、書きだしてみよう。

だいたい平均的なものと思われる3日を選んでほしい。その3日間であなたが実際にどんな時間の使い方をしたかを、メモにして残すのだ。

使うのは、アナログのノートやメモ帳でもスマホでもいい。もちろん、石の銘板に彫り込んでもらってもかまわない……とにかく、メモさえ残せれば何でもいい。

さまざまな用事に時間をとられつつどうにか1日をすごすなかで、自分がそのときどきに最優先事項として取り組んだ作業を書きだそう。

このメモは、始業と同時に始めよう。

べつに1日を細かな時間帯に分けて考える必要はないし、詳細をことこまかく書きだす必要もない。

ただ、あとになって「自分の1日はいったいどこへ消えてしまったのだろう?」と思わずにすむよう、おもな作業を書きだすのだ。

131ページに1日分の例を挙げるので、参考にしてもらいたい（例に影響されたくないというかたは、読まずに飛ばしてもらってかまわない！）。

これはあくまでも架空の例であり、私の想像力の産物にすぎない。

では、この例を参考にして、ノートなどを利用し、**あなた自身の1日の流れを3日**

分書きだしてほしい。


さて、あなたはどんなテクニックを使ったときうまくいっただろう？

どこでつまずいただろう？

もっと生産性を上げたいと思っている同僚に、あなたならどんな助言を授けるだろう？


あなたは明日、これまでとは違うどんなことをしたいだろう？

また、次のアドバイスはかならず役に立つので、うるさく感じるかもしれないが、胸に刻んでもらいたい。


どうしても取り組まなければならないのだが、そう考えるだけでうんざりし、なかなか着手する気になれない用事は、**朝イチで片づけてしまおう。**

ひるむな！

敢然と立ち向かえ！

重要なタスクをいつまでも先延ばしにしていると、それは重荷となり、あなたの胸にいつまでものしかかる。すると、ほかのタスクに集中するのがいっそう困難になる。

あなたは日々どんな行動をしているのか、3日分書きだしてみよう

※たとえば以下のような感じで……

8:30 ～9:30	出社し、同僚に挨拶し、コーヒーをいれ、 メールをチェックする。
9:30 ～10:30	近々予定されている協議会に関して 電話をかける。
10:30 ～11:30	ミーティングで書き留めたメモを見なおしつつ、 ネットサーフィンをする。
11:30 ～12:30	同僚とランチ。 職場のモラルの低さについて愚痴をこぼす。
12:30 ～14:30	部内会議。 まったくの時間の無駄。
14:30 ～15:15	情報テクノロジーの専門家と打ち合わせ。 コンピュータウイルスの対策を相談する。
15:15 ～15:30	コーヒールームで休憩。
15:30 ～15:45	スクールカウンセラーに電話をかけ、 子どもの成績がかんばしくない件について相談する。
15:45 ～16:00	窓の外をぼんやりと眺め、「どうすれば子どもが やる気をだすのだろう」と思案する。
16:00 ～17:00	急を要するメールに返信する。
17:00 ～17:30	終業時間までもう返事がこないことを祈りつつ、 何人かの留守番電話にメッセージを残す。

「類似タスク」をまとめて片づける

平均的な1日に、あなたが何度かおこなうタスクのなかで、似たようなタスクはないだろうか？

私が1日に複数回おこなう作業には「受信したメールを読み、必要があれば返信する」「必要な物（消耗品、署名が必要な書類、郵便物）をほかの部署にとりにいったり、もっていったりする」「電話をかける」「取材や打ち合わせの予定を組む」などがある。

こうした用事を「類似タスク」ごとにグループ分けし、1日の同じ時間帯にまとめて片づける予定を組もう。

そうすれば、**似たタイプのタスクに1日のうちに何度も時間を奪われて思考の流れを遮断されるのを防ぐことができる。**

似ているタスクをまとめて片づければ、時間を節約できる。そのコツをいくつか紹介しよう。

・頭がいちばんハッキリしていて、明晰な思考ができる時間帯に、「類似タスク」をまとめて片づける。
・1日に1〜3回、そうした時間をつくる。
・そうしたタスクにあてる時間はあらかじめ決めておき、終わりの時間にアラームを設定する。
・アラームが鳴ったら、作業を中断する。いつまでもだらだらと続けない。

あなたは1日中、メールやメッセージに気が散ってしまい、われながらマズいと思っていないだろうか？　ソーシャルメディアのせいで大切な作業に集中できず、目前に迫ったプロジェクトの準備ができていないという状況におちいったことはないだろうか？

心当たりがあるのなら、「類似タスク」をまとめて片づけていこう。

手始めに、**メールやメッセージの送信にあてる時間を「1日に20分間を3回」と決**

めよう。

たとえば「出社したとき」「昼休みの前」「退社する前」の3回に制限するのだ。

おや、首をかしげていますね？

相手はすぐに返信をもらうことを期待しているのに……と、不安でしかたない？

心配無用。私はなにもメールへの返信を週1回にしなさいと言っているわけではない。「1日に3回」と言っているのだ。これだけあれば十分だ。

「ラリー」を減らせば時間が増える

さらに言わせてもらえば、メールのスレッドがむだに長くなるのは、やりとりが多いせいだ。いつまでもだらだらと会話を続けないためには、メールの最後に次のような文章を添えるといい。

・返信不要です。

・ありがとうございます。これで、本日の業務は終了します。
・何らかの変更があった場合のみ、返信いただければ幸いです。
・〇〇さん（同僚の名前）におまかせしますので、私に同報メールは不要です。
・すばらしいですね。では、当日よろしくお願いします。
・これから数時間、ネットとつながらなくなります。
・詳細は、〇〇さんと詰めてください。

こうした付け足しの一言が、メールのむやみな増殖を防いでくれる。

だから私は、締切り直前でせっぱつまっているときでも、1日の最初にスケジュールを確認し、前日、退社したあとに受信したメールを苦労せずに片づけられる。

「1×10×1」システムを使う

仮にあなたが数日のあいだ、オフィスを留守にしていたとしよう。そして久しぶりに出社したところ、メールや書類の山が待ち構えていたとしよう。

とはいえ、あわてる必要はない。

こんなときは、私はあるテクニックを使うことにしている。私はこのシステムを「1×10×1《ワン・テン・ワン》」と呼んでいるが、これもまた類似タスクをまとめて片づける手法の一種だ。

デスクに山盛りになった書類やメールの洪水を崩していく最初の方法は、**「1分間前後で片づけられるタスク」**にいますぐ着手することだ。これには、「すぐに対応できるメールへの返信」「企画の承認」「留守番電話への対応」「言われた通りにスケジュールに予定を組み込む」といったタスクが含まれる。

次に、**「10分以内で片づけられるタスク」**を特定しよう。このグループのタスクは、1日のうちできるだけ早い時間帯に取り組むのがいい。

最後に残ったグループは、**「片づけるのに1時間か、それ以上かかるタスク」**だ。こうしたタスクは、作業に取り組む時間を今後2、3日のスケジュールのどこかに予定として組み込もう。

この分類作業は、朝、もろもろの雑事が降りかかってこないうちにざっとやってしまうことが肝心だ。

1日2回、「空白タイム」をつくる

平日のスケジュールを作成する際には、かならず毎日2回、アポや打ち合わせをいれない30分の時間を設け、その時間に類似タスクをまとめておこなったり、予期せぬできごとに対処したりしよう。

私はこの時間を「空白タイム」と呼んでいる。

空白タイムを毎日設けるには強い意志が必要となるが、多忙をきわめる経営層のなかにも、実際にこのシステムを活用している人は数多くいる。

たとえば次から次へと途切れなく会議が続くと、仕事は絶望的に遅れてしまう。

だが、毎日、あらかじめ空白タイムをスケジュールに組み込んでおけば、その時間を活用し、長期的なプロジェクトの達成に向けて集中して作業に取り組むこともできる。

だからこそ、**空白タイムには、現実にアポが入っていると考えるようにしよう。**

そして、どれほど緊急な要件がもちあがろうと、この空白タイムはけっして後回しにできないものだと見なそう。

この方法を、かかりつけ医の例で説明しよう。

あなたが定期健診の予約をとろうと医院に連絡したところ、「予約がとれるのは、1か月先になります」と言われた。

ところが朝の8時に電話をかけ、「熱があってだるいんです」と言えば、その日の午前中に時間をとってくれる。

これは、開業医が救急患者の診察をできるよう、スケジュールにゆとりをもたせているからだ。

多忙をきわめるプロフェッショナルにとって、空白タイムは非常に有益な役割をはたす。おしゃべりな同僚に仕事の邪魔をされても、空白タイムに挽回できる。だいいちスケジュールにいっさいの余裕がなければ、とんでもない非常事態が生じたとしても、対処する時間をとることができない。

雑談が長い相手を「たった一言」で遮断する

では、始終オフィスをぶらぶらと歩きまわり、とくに用もないのに話しかけてきては、なかなか立ち去ろうとしない人にはどう対処すればいいのだろう?

とくに間仕切りもないオフィスで働いている場合は、どうすればいいのだろう?

私があなたを隠してあげよう。

一点集中術は、あなたの姿を隠すためのマントなど必要としない。

しょっちゅうオフィスをぶらついては仕事の邪魔をする人が、あなたのデスクのそばにやってきたとしよう。彼は、自分だったらこんな野球選手をドラフトで指名すると熱く語りはじめた。だが、締切りを目前に控えているあなたに、彼の相手をしている余裕はない。

そんなときは次のような対応をするとよい。

・視線を上げ、「いま身動きできないんだよ」とはっきりと告げ、また視線を下げる。
・にっこりと笑い、邪魔者を撃退するためにつけているヘッドフォンを指さし、いまは話ができないことをジェスチャーで示す。
・「そりゃいいね。でも、ちょっといまは仕事が山積みなんだ」と言い、仕事に戻る。

これ以外にも、あなたの仕事の邪魔をしてくる人間に対して言うべきことは、いろいろと思い浮かぶだろう。

あなたのやるべきことは、そんなせりふのどれかを躊躇せずに「言うだけ」だ。

えんえんと続くおしゃべりにいまは関わってはいられないということをやんわりと伝えたいのであれば、あたたかい笑みや温和な表情とともに必要なせりふを言えばいい。

間仕切りも何もないようなオフィスに勤務する人からはよく「シングルタスクなんて無理ですよ」という嘆きの声を聞く。

無理もない。注意力を奪うものがそこらじゅうにあるのに、そうしたものと一線を画する境界線がないのだから。

とはいえ、絶望することはない。しょっちゅうタスクを切り替えている人よりも、**シングルタスクに取り組む人のほうが、邪魔になるものを遮断する能力は高い**ということが研究からもわかっている[2]。


シングルタスクをまっとうするには、作業に専念し結果に責任をもたなければならない。

とはいえシングルタスクを可能にするための理想的な環境づくりをしてくれと、職場に要求することはできない。

だが周囲で人々が動きまわり、さまざまな事態が勃発《ぼっぱつ》するなかでいちいち右往左往していてはまともな仕事などできない。

もし、周囲であまりにも会話が多いようなら、ホワイトノイズ発生器（気持ちを安定させ、集中力を高めるためのノイズを発生する機械）を試してみるのもいい。それほど価格は高くないし、数年はもつ。そうして、いったんフローの状態に入ることができれば、外部の刺激は気にならなくなるはずだ。[3]

時間を区切って「籠城」する

では、いまの職場環境ではどうしても集中力を高められないという場合はどうすればいいだろう？

そんなときは時間を区切って、オフィスの会議室などを利用させてもらおう。「仕上げてしまいたい仕事があるので、一時的に外部との接触を断っています」と周囲に知らせておけば、邪魔が入りにくくなる。周囲の人たちはあなたのスケジュールを把握《はあく》しようと努めてくれるし、そのうえ、急ぎの用件でないかぎり、あなたに不要

郵 便 は が き

料金受取人払郵便

渋谷局承認

2196

差出有効期間
2026年12月
31日まで
※切手を貼らずに
お出しください

150-8790

130

〈受取人〉
東京都渋谷区
神宮前 6-12-17
株式会社ダイヤモンド社
「愛読者クラブ」行

本書をご購入くださり、誠にありがとうございます。

今後の企画の参考とさせていただきますので、表裏面の項目について選択・ご記入いただければ幸いです。

ご感想等はウェブでも受付中です（抽選で書籍プレゼントあり）▶

年齢	（　　　）歳	性別	男性 ／ 女性 ／ その他
お住まいの地域	（　　　）都道府県　（　　　）市区町村		
職業	会社員　経営者　公務員　教員・研究者　学生　主婦 自営業　無職　その他（　　　）		
業種	製造　インフラ関連　金融・保険　不動産・ゼネコン　商社・卸売 小売・外食・サービス　運輸　情報通信　マスコミ　教育 医療・福祉　公務　その他（　　　）		

①本書をお買い上げいただいた理由は？
（新聞や雑誌で知って・タイトルにひかれて・著者や内容に興味がある　など）

②本書についての感想、ご意見などをお聞かせください
（よかったところ、悪かったところ・タイトル・著者・カバーデザイン・価格　など）

③本書のなかで一番よかったところ、心に残ったひと言など

④最近読んで、よかった本・雑誌・記事・HPなどを教えてください

⑤「こんな本があったら絶対に買う」というものがありましたら（解決したい悩みや、解消したい問題など）

⑥あなたのご意見・ご感想を、広告などの書籍のPRに使用してもよろしいですか？

1　可　　　2　不可

※ご協力ありがとうございました。

【一点集中術】122259●3110

なメッセージを送らないようにするはずだ。

こちらの都合で相手に遠慮してもらうのだから、心遣いを示して、**相手にいつ対応できるのかは先に明確にしておこう。**そして、依頼された仕事は責任をもってやりとげると伝えよう。

留守番電話には応答メッセージを、メールには自動返信の設定をしておこう。ほんとうは忙しくて対応できないのに中途半端な態度を示すより、ずっといい。

すべて「記録」しながら前進する

シングルタスクは、身につけていく習慣だ。あなたのシングルタスク力を強化する方法を選び、それを実践していこう。何か具体的なことを実践するのだ。

たとえば、それは「アポなしでの相談は断る」「SNS断ちをする」「計画を立てるための時間を朝かならず設ける」「会議中は会議のみに集中する」「メールをしょっちゅうチェックするのではなく、1日に3回まとめてチェックする」などだ。

手帳のカレンダーなどを使い、目標にした
行動ができた日にチェックを入れよう。
1週間に4日できたら成功だ。

月曜	火曜	水曜	木曜	金曜
✓		✓	✓	
	✓	✓	✓	✓
✓	✓		✓	

そして**目標としていた行動をとれたかどうか、毎日、記録に残そう。**

1週間に4日間目標を達成できれば、成功だ。15日間、記録をつけたら、自分にご褒美をあげよう。

「いまここ」に集中する能力を伸ばせたということ自体も見返りだが、そのほかにも、かたちとして達成感を味わえる何かをご褒美としてぜひ自分にあげてほしい。

以上に挙げた例の多くは、平均的な職場を想定したものだ。

とはいえ、あなたがどんな環境に置かれていようと、どんな責任を負っていようと、基本的な考え方は変わらない。
フリーランサーであろうと、学生であろうと、アーティストであろうと、主夫や主婦であろうと、本章で紹介したやり方を活用できるはずだ。

Point

タスクをまとめて「集中的」に処理する

- ☑ 毎朝「3〜5分」の時間をとり、今日の予定をすべて書きだす。
- ☑ 「類似タスク」をグループ分けし、まとめて同じ時間に処理する。
- ☑ メール送信は「出社時」「昼休み前」「退社前」の3回に制限する。
- ☑ メールは文末に「一言」加えることで、不毛なラリーを阻止する。
- ☑ 積み上がった仕事は「1×10×1」システムで一気に解決する。
- ☑ 1日2回、「空白タイム」をスケジュールに強制的に入れてしまう。
- ☑ 15日間、「小さな目標」を設定して、達成できたかどうか記録をつける。

第5章 5分で周囲の「信頼」をつかむ

——「ノー」を言うことで人望を集める

［神話］シングルタスクは、周囲の人たちを失望させる。
［現実］シングルタスクは、目の前の相手に完全に集中することを意味する。

人のなかにいるときは、
一挙手一投足に周囲への敬意をこめるべきだ。
——ジョージ・ワシントン

「シングルタスクって、つまりはすごく自分勝手な行為だよね。まわりを切り捨てて自分のことしか考えないわけだろう?」と、これまでに何度も問われてきた。

その答えは「ノー」……断じて「ノー」だ。

シングルタスクは利己的なものではないし、高慢なものでも、無礼なものでもない。

シングルタスクは人のためになり、あなたのためにもなる。

それはよき手本を示すことであり、さらには「いまここ」に集中することで結局は人の役に立てるのだ。

「目の前」に意識を集中させる

先日私は、ニューリーダーを育成する研修のファシリテーターを務めた。目的は、ある企業の幹部に就任したばかりのリズが、前任者から引き継いだ総勢30名のチームとの信頼関係を深めることにあった。

リズが私に研修の依頼をしてきたのは、自分がリーダーとして率いるチームと意思疎通をはかりたいと考えたからだ。そこで彼女は、わざわざ時間と人的資源を投入し、オフィスとはべつの場所で一日がかりの研修をおこない、部下たちと強力な信頼関係を築くことにしたのである。

研修は午前9時きっかりに始まった。ところが当のリズが、45分遅刻した。彼女は息を切らして会場に到着し、「オフィスをでようとしたところで、トラブルが発生したもので」と言い訳をした。

それが不吉な前兆だった。

研修がおこなわれている時間の半分以上、リズは会場の外にいた。研修に丸一日拘《こう》束《そく》されると考えれば、たしかに8時間は長く感じられるかもしれない。だが真剣に取り組めば、8時間などあっという間だ。

「ニューリーダー」であるリズは、自分にマルチタスクをこなす能力があることを自負していた。そしてチームとの信頼関係を築くプログラムを達成するたびに（すなわちその日のスケジュールを消化するたびに）チェック項目を消していった。それと同時に、オフィスにしょっちゅう連絡をいれては、あれこれ指図をしていた。

そんな真似をしなくても、**オフィスに戻ってから指示をだすほうが効率的**だろうに。

オフィスで生死にかかわる問題が生じているわけではないはずだ。なにも手術中の脳外科医にちょっとでてきてもらい、チームの問題を解決してもらっているわけではないのだ。

結局、リズは多くの時間と人的資源を投入しながら、研修を無駄にした。

そして、当初の目的とは正反対の結果を招いた。「チームのために本気で尽くしていない」という事実を身をもって部下たちに示してしまったのだ。

「行動」のメッセージは言葉より強い

当然、研修の成果はあがらなかった。たしかに社員同士は絆を強めることができたし、有益なコミュニケーションのスキルを習得することもできた。

だが研修終了後におこなったアンケートには、「そもそも、なぜチームリーダーが席を空けていたのか?」といった疑問が数多く書き込まれていた。

リズが研修に集中しなかったせいで、「こんどのリーダーはチームのことを本気で考えていない」という印象を強めてしまったのだ。その日の研修でチームは、リーダーへの不信感をつのらせたのである。

企業幹部のご多分にもれず、リズも多忙をきわめている。だが、忙しそうにしているだけでは、部下に「あなたたちのことを心から気にかけている」という印象を与えることはできない。そうした印象をもってもらうには、心身とも「いまここ」にいることが肝要となる。

リズは、チームメンバーに「私はあなたたちのことを最優先に考えています」と言っていたが、行動でその言葉を裏切った。

研修のあと、ある参加者から私のもとにメールが届いた。そこには、元国務長官ルイス・カスの「**発言を疑われても、行動で示せばかならず信じてもらえる**」という言葉が引用されていた。

この名言は真実をついている。

行動は言葉より多くのことを物語る。

あなたはこの事実を有効活用したほうがいい。そのほうが、リーダーシップ研修によってほかのスキルの習得に投資するよりもはるかに大きな見返りを期待できる。

事実、心理学者ダニエル・ゴールマンがリーダーシップに関する調査を実施したところ、すぐれた管理能力を発揮するには、**対人関係の能力が、知能（IQ）や技術的熟練度の2倍、重要である**ことがわかった。[1]

短い時間でも「全力」で取り組む

この「リズ事件」の数か月後、私は同様のリーダー育成プログラムをある組織でおこなった。そのときも、幹部のリカードが遅刻した。

とはいえ、彼は事前に電話で遅刻する理由を説明した。仕事で緊急事態が生じたという納得のできる理由だった。

そして開始時刻から20分ほど遅れてやってくると、謝罪し、すぐさま全力で研修に取り組んだ。そして職場から離れた会場にいるあいだ、オフィスに連絡をいれるだけのもっともな理由があったにもかかわらず、目の前の作業に没頭した。

リカードはまた、自分の性格で改善したい点を率直に認めた。組織の力を伸ばしたいという願望があってのこととはいえ、ミーティングの最中につい熱くなり、冷静さを欠いてしまうところがあると自己分析もした。

とはいえ、人は相手に完璧さなど求めない。ただ相対《あいたい》したときには互いに胸襟《きょうきん》をひらき、率直に意見交換をしたいと思うだけだ。

プログラムを終え、アンケートを実施したところ、「今回の研修でよかったと思う点」として**もっとも称賛されたのは、リカードが本気でプログラムに取り組み、周囲とオープンに関わったこと**だった。

その結果、幹部と中間管理職のあいだの溝を埋めることができそうだという希望が、組織のなかに生じた。

シングルタスクを実践するリーダーは、仕事にもチームにも責任をもって関わっていることを、身をもって示す。

いっぽう、どんな言い訳があるにせよ、マルチタスクに腐心するリーダーは、傲慢《ごうまん》で部下を軽視していて、チーム統率に無関心だと誤解される。そうなれば、組織崩壊を招きかねない。

相手を「尊重」していることを示す

クライアントのサミュエルから、元国務長官ヘンリー・キッシンジャーと出会ったときの興味深い話を聞いたことがある。

30年ほど前、サミュエルが暮らす町で開催された講演会に、キッシンジャーが招かれた。ところが旅行鞄を紛失し、キッシンジャーの着替えのシャツがなくなってしまった。そこで、当時はまだ若く、講演会でボランティアを務めていたサミュエルが、あわててシャツを買いにでかけた。サミュエルは、そのときの体験をこう話してくれた。

「買い物から戻ってくると、キッシンジャーは礼を言い、ぼくが選んだシャツを受けとった。彼はそのあいだずっとぼくの目を見つめつづけていた。**一度もほかのところ**

に注意をそらすことなく、ぼくだけに意識を向けてくれた。すべてのことを排除し、ぼくだけに集中するという努力をしてくれた彼のことを、ぼくは一生、忘れないだろう。

キッシンジャーは、まるでぼくが宇宙で唯一の人間であるかのように思わせてくれた。もちろん、一緒にすごした時間は短かったが、あのときの強烈な印象はいまも鮮やかに残っている。

キッシンジャーは、さまざまな責務を負った偉人という言葉では表現しつくせない人物だ。彼には、ぼくに礼を尽くし、きちんと対応する必要などなかった。それでも、彼はぼくのことを思いやってくれた。あの能力が、世界を相手にする外交家としても大いに役に立ったのだろう」

この光栄な出会いがあった当時、サミュエルはまだ何の権限ももたない若者だった。それでもキッシンジャーは、一緒にすごしたわずかな時間、注意をすべて目の前の若者に向けた。これによって、サミュエルはキッシンジャーが自分に謝意を示し、敬意をもって接してくれたことをずっと覚えているというのだ。

尋常ならざる多忙な日々を送る人間でも、目の前の相手に完全に集中できることを、キッシンジャーは体現したといえるだろう。

マルチタスクだと「信頼できない」と思われる

「聴く《リッスン》」と「聞く《ヒアー》」とでは、意味合いが異なる。

「聴く」という姿勢には、相手への敬意があり、信頼関係を築こうとする意志がある。だから**本気で相手の話を「聴く」にはエネルギーが必要であり、真摯に取り組まねばならない。**

私は仕事でよく人材の「360度評価」（部下、同僚、上司の視点から評価をする方法）を実施する。その結果を見ていると、経営幹部に対するもっとも辛辣《しんらつ》なコメントに「信頼できない」といったものがよくある。

これは、その人物が腹黒だという意味ではない。ただ、そう評価されるリーダーはたいてい、スタッフが望んでいることに十分に注意を払っていない。

相手に100パーセント集中できていないとき、たいてい人はマルチタスクを試みている。だが、ほんの数分、目の前の相手に集中するほうが、複数の作業を試みながら1時間に及ぶコーチングの講習会を受講するより、よほど効率がいい。

先日、私はあるクライアントの男性と話をしていた。彼は、新たに迎えた上司について、こんな話をした。

「新しい上司は、私のことを尊重してくれています」

「尊重されていることが、どうしてわかるんです？」

「**私の話を親身になって聴いてくれるんですよ**。私も上司の話を真剣に聴いていますから、私が上司を高く評価していることが、本人にも伝わっているはずです」

「ただ聴く」だけで信頼される

相手の言葉の真意を汲みとろうとする「アクティブ・リスニング」（積極的傾聴）の

有効性をセミナーで説明するにあたり、私はよく参加者のひとりに職場でのひとコマを演じてもらう。

私自身は、よくいるタイプの——あなたにも心当たりがあるはずだ——うぬぼれの強いマネジャーの役を演じ、参加者にはその部下の役を演じてもらう。

部下役の参加者がいま抱えている問題について、上司役の私に報告するのだが、私は話を聞きながらマルチタスクをしようとしている。デスクを整理したり、メッセージに手早く返信したり、クライアントとのプレゼンの準備をしたりしながら話を聞いているのだ。

当然、部下から何を尋ねられても、いいかげんに返事をするだけだ。

話が終わったところで私は、「いつでも好きなときに立ち寄ってね、歓迎するわ」と、部下役に声をかける。

こうして役を演じたあと、部下役を演じた参加者に、次の2つの質問を投げかける。

1. きちんと話を聴いてもらえたように感じましたか?

2．何か問題が生じたら、また私に相談したいと思いますか？

どちらの答えも、例外なく「ノー」である。

さて、ここからが本題だ。すっかり上司を信頼できなくなっているその参加者に、再度、部下役を演じてもらうことにする。

こんども参加者は、まったく同じ問題を上司に相談する。ところが今回、上司役を演じる私は椅子に腰を下ろし、そばに座るよう参加者に声をかける。私は話を聞いているあいだ、**ずっとアイコンタクトを続け、話の内容についてよく思案する。**そして、相手の話に完全に集中する。

このパターンにはもう一つ、重要な変化をくわえる。

上司が大切なクライアントとの打ち合わせを控えているという設定にするのだ。そこで私は事前に、部下の相談に乗る時間が「数分しかない」ことを告げる。さらには相談されたあと、部下の問題を何ひとつ解決しない。

ただ「問題解決に向けてこれまでどんな手を打ってきたか」「次のステップとして、

これからどんな行動をとればいいと思うか」を尋ねるにとどめるのだ。

相談には「5分間」集中する

こうして2つのパターンを演じたあと、「第1のシナリオと第2のシナリオでは、どちらのほうが時間がかかりましたか?」と、私は参加者たちに尋ねる。

そのとき部下が抱えている問題がどんなものであれ——問題の内容は参加者が決めるため、毎回異なる——きまって参加者は第1のシナリオのほうが時間がかかったと答える。

また、セミナー全体の振り返りをするなかで、私は部下役を演じてくれた参加者に「時間が少ししかないことを事前に告げられ、意欲が失せましたか?」と尋ねることにしている。

すると、その点について気にする人はいないことがわかった。

人は、相手が自分の都合にあわせてくれないからといって、侮辱されたように感じるわけではない。たった5分でもよそ見をせず、話に集中してくれるほうが、長時間、ほかの作業をしながら話を聞かれるよりもよほどいいのだ。

同時に複数の作業をこなそうとしていると、相手にとっては、自分と会っていることよりも、ほかの作業の優先順位のほうが高いように見えてしまう。

実際には相手に集中したほうが相手の満足度が上がり時間も短くてすむにもかかわらず、身をいれて話を聴かない人が使う言い訳の筆頭は「時間がない」だ。

相手の「本当のメッセージ」を見抜く

身をいれて話を聴けば、相手が発する言葉以外のさまざまなシグナルに気づき、深いコミュニケーションをとることができる。**会話に没頭すれば、相手が無意識のうちに送っている本音のメッセージに気づく**からだ。

ほんとうは心配していること、わくわくと胸を高鳴らせていること、怖気《おじけ》づいていることなどが伝わってくる。なにげないしぐさ、口調の変化、ボディランゲージなどに、そうした本心が潜んでいる。

ふいに小声になったり、笑みを浮かべたり、不安そうな視線を送ったりしていないかどうか、注視しよう。

目の前の相手に集中するのは、いわば「レントゲン画像」を入手するようなものだ。ぱらぱらと画像をめくり、相手が言葉で表現している気持ちより、もっと深い心の奥底までのぞきこむことができる。

このように、話を聴くときはつねに集中しよう。

その頻度が高まるにつれて、「あの人は私のことをほんとうによくわかってくれている」と思われるようになる。

問題解決に向けた明確な目標を念頭に置いて会話に没頭すれば、「職場の対人関係が改善する」「契約を獲得できる」「昇進できる」といった見返りが得られる。

そして「どんな言葉が人を動かすか」といった人間心理についても、深い洞察を得られるはずだ。

「敬意を感じるシグナル」をリストにする

あなたが尊敬する人が、あなたやほかの人に敬意を示してくれたときのことを思いだしてみよう。

あなたはどんなシグナルによって「自分が尊重されている」と感じただろう？　そうしたシグナルをリストにして、ノートなどに10個書きだしてほしい。

私のクライアントがリストとして挙げた次の例を参考にしてもらいたい。

1　アイコンタクトをしてくれた。

2　私に名前を尋ね、会話中、名前で話しかけてくれた。

3　私の居心地がいいかどうか、気にかけ、思いやりを示してくれた。リラックスできるよう気を配ってくれた。

4　しっかりと手を握り、力強い握手をしてくれた。

5 こちらに意見を求め、「あなたに関心をもっていますよ」という気持ちを態度で示してくれた。

6 一方的に上から目線にならず、お互いに貢献し合える関係であることを明確に示してくれた。

7 謝意を示してくれた（「いい仕事をしてくれました、ありがとう」と礼を言ってくれた）。

8 私に関する知識を得て、覚えてくれた。

9 業績など、私が達成したことを覚えていて、褒めてくれた。

10 私に会えたことをよろこんでくれた。

このリストとあなたのリストに、共通点があるだろうか？

こうしたシグナルを発することをつねに意識し、行動している人は、シングルタスクを実践している人でもある。

人の「期待」をコントロールする

シングルタスクを実践すると、人に無礼だと思われるのではないかと不安に思う人もいるだろう。

「シングルタスクに集中するには、まわりを遮断しなければならない。だが人からの要請にはすぐに応じないと相手に失礼だから、シングルタスクなんてできない」と。

シングルタスクを実践するには、自身の「習慣」を変えるだけでなく、ほかの人があなたに寄せる「期待」も変えていかなければならない。

ここが、一筋縄《ひとすじなわ》ではいかないところだ。

「目の前の仕事をやりとげるにはひとりになる時間が必要だ」と思うのであれば、そうした自分の欲求を尊重しよう。「仕事中に邪魔が入るとむしろ刺激を得られていい」という人もいるだろうが、その反対に「干渉を受けずに仕事に取り組むからこそベストを尽くせる」という人もいる。

あなたの仕事スタイルが、邪魔を最小限に抑えたいタイプなら、そのスタイルを貫くことが自分の責務だ。

すべての質問や問い合わせに、即座に応じる必要などない。そもそも、そんなことは不可能だし、そんな真似をしていたらすぐに燃え尽きてしまう。

人から連絡が入ったら、「ご連絡くださり、ありがとうございます」と応答したうえで、いつきちんと返信できるかを伝えれば、相手の「期待」をコントロールすることができる。

いざ返信する段になったら、その作業に集中しよう。

肝心なのは「質」だ。

「どう評価されているか」を意識する

私たちはさまざまなかたちでテクノロジーの恩恵に浴している。そのいっぽうで、24時間「接続している」文化が逆効果となり、多大な損失を生みだしているのも事実だ。

ソーシャルメディアに気をとられている時間が増えると、生産性が下がり、対人関係が悪くなり、時間が浪費され、重要なデータを取捨選択する能力が低下する。

社会的な地位が高く、高収入を誇るプロフェッショナルほど、ミーティングの場でテキストやメールを送受信したり、ネットを眺めたりしている者を**「未熟で迷惑な存在」**と見なす傾向がある。南カリフォルニア大学マーシャル経営大学院の研究者たちは、次のような調査結果を報告した。

・エグゼクティブの86パーセントは「ミーティングの最中に電話にでるのは不適切だ」と考えている。
・エグゼクティブの84パーセントは「ミーティングの最中にメッセージやメールを打つのは無礼だ」と考えている。
・エグゼクティブの75パーセントは「ミーティングの最中にメッセージやメールを読むのは無作法だ」と考えている。

・職業人の66パーセントは「ミーティングの最中にネットに接続するのは不適切だ」と考えている。

また中高年の職業人は、ネットとつねに接続している者には次のような特徴があると考えている。

・「敬意」の欠如：ミーティングの出席者よりネットで接続している相手を重視している。
・「注意力」の欠如：一度に1つのことに集中できない。
・「聴く力」の欠如：真剣に話を聴いていることを、身をもって示せない。
・「自律心」の欠如：他者からの要求に抵抗できない。[2]

ミーティングは、いわば「電子ウイルスの増殖を観察するシャーレ」といえる。スタッフミーティングについて考えてみよう。

20年前のスタッフミーティングではどんな光景が見られただろう？

細長いテーブルのまわりにずらりと椅子が並び、出席者が座っている。かれらの前には何が置いてある？　書類とペンだけだ。なかには質問事項などをメモにとる者もいるだろう。そしていちばん気が散っている出席者でさえ、紙にぼんやりといたずら書きをする程度だ。

ひるがえって、現代のスタッフミーティングではどんな光景が見られるだろう？　タブレット、スマホ、ノートパソコン、メモパッド（もちろん、電子版）など、**進化するいっぽうのデバイスが全員の手元にある。**

そのどれもが、少し触れただけで、即座にオンになる。そして出席者はメモをとるふりをしつつ、そうしたデバイスをいじりつづけている。

時間の「有効活用」とは？

だが、そう簡単にだませるはずがない。ちなみに、あなたの隣席のデバイスをこっそり覗《のぞ》いてみよう。賭けてもいい。彼はメッセージを送っているか、ネットサーフィンをしているか、オンラインゲームをしているか、フェイスブックを見ているはずだ。そして、**ネットに接続している者はたいてい、目前でかわされている議論をろくに聞いていない**。

電話会議となれば、もっと質が悪くなる。あなたの前には電話会議用のスピーカーが置いてある。だからマイクを手でもつ必要はない。そのうえ、好きなときにマイクをミュートにすることもできる。

だから電話会議中に、ぶらぶらと歩いてきた同僚と雑談することも、メールに目を通すことも、フェイスブックやインスタグラムをチェックすることも、Xでつぶやくことも、よく知らない人にハッピーバースデーのメッセージを送ることもできる。

見事に時間を有効活用している！……のだろうか？

あなたがこうした誘惑に屈したとしよう。そうなればもう電話会議で何が論じられているのか、皆目、見当もつかなくなる。そんなときに意見を求められでもしたら目も当てられない。

「自分はうまくごまかせている」と、あなたは考えているかもしれない。電話会議に参加している連中は鈍いやつばかりだから大丈夫、と。

だが、ほんとうにそうだろうか？

最近、あなたが電話で話した相手が、本気で話を聴いていないと感じたことはないだろうか？

そんなときには、あなたが質問したあと、相手が答えるまでにほんのわずかな間があったはずだ。**それが、注意散漫の明白な「証拠」**だ。

そんな状況について多くの管理職が、「全員が出席した会議ですでに論じられた話題について、あとでまた総括しなければならないのは時間の無駄だ」といらだちを覚えていることが報告されている。

同時の用件のときは「いまここ」を優先する

同僚と昼食をとっているときに、マナーモードになっている携帯電話のバイブレータがやまなかったら？　部下とのミーティングの最中に、重要なメールを受信したら？　家族と散歩中にメッセージが届いたら？

いくつかの緊急な用事が同時に生じたら、どうすればシングルタスクを実践できるのだろう？

その場合は**「いまここ」にいる、目の前の相手を優先しよう。**

先日、カフェに入ったときのことだ。注文受付カウンターにはひとりの客もいなかった。私は注文したい品が決まっていたので、カウンターに歩いていき、すぐに注文しようとした。

ところがそのとき、レジ横の電話が鳴った。店員が受話器をとりあげた。どうやら、電話をかけてきたのは異星人だったらしい。エイリアンは、異星の住民全員分の食事を次から次へと注文しはじめた。私はなす術《すべ》もなくひたすら待った。右脚から左脚へ、そしてまた右脚へと重心を移動させた。

ついにレジ係が電話の相手に向かって「ご注文は以上でしょうか？」と言った。するとエイリアンは、また長々とほかの注文を並べはじめた。

私は空腹で、急いでいた。そして、目には見えない列に立たされていることにうんざりしていた。

もしあなたがサービスのプロなら（ある意味では、どんな人もサービス業に従事しているといえるが）、店にいる客を優先しよう。その客は、あなたの店にわざわざ足を運んでくれたのだ。誠意を見せよう。

電話をかけてきた客には「少々お待ちください」と言えばすむ。それなのに、店員が電話をかけてきた相手を優先すると、客はこのうえなくイライラする。

「敬意」と「予定」を示して断る

一点集中術の考え方はよくおわかりになったはずだ。とはいえ、横から仕事を頼まれたときは、具体的にどう対応すればいいのだろう？　不安がある読者は、次の例を参考にしてもらいたい。

〈シナリオ1〉

あなたのスケジュールはぎっしり詰まっている。そこに上司がやってきて、至急、仕事を頼みたいと言う。だが、その仕事は時間がかかりそうだ。

・悪い例

上司「リニューアルしたメニューバーの調査結果を報告してもらいたい。遅くとも、午後3時までに頼む」

あなた「きょうの3時ですか？」

上司「3時15分に、電話会議で調査結果を発表したいんだよ」

あなた「きょうは11時半まで新入社員の研修で講師を務め、そのあと11時45分から2時までランチミーティングがあります。ですから、ええと、2時から3時までは調査結果をだす作業に専念できます。あいにく、5人の部下の勤務評定を5時までに終わらせなければならないので」

上司「だから何なんだ？　まったく、投資家連中がＳＮＳで騒いでるんだよ。もう時間がない。いいな、まかせたぞ」
あなた「はあ、わかりました」

・よい例

上司「リニューアルしたメニューバーの調査結果を報告してもらいたい。遅くとも、午後3時までに頼む」
あなた「**きょうは厳守しなくてはならない納期の仕事で動けないんです**」
上司「まいったな。3時15分に、調査結果を電話会議で発表したいんだよ。こっちの作業を優先してくれないか」
あなた「わかりました。私も3時20分には電話会議に参加できます。それまでに進捗状況をまとめるよう、チームに発破をかけてみます。それでよろしいでしょうか？」
上司「ああ、助かるよ。電話会議には投資家も参加予定でね。要点だけでもすぐ私に送ってくれないか」

あなた「**すみません、きょうは部長が発案なさった研修プログラムの進行役をしておりまして。**数分後にまた次のプログラムが始まるんです。ちなみに、こちらの研修は非常にうまくいっています」

上司「そりゃよかった。そういえばきのうも重役から、そのプログラムについて訊かれたところだよ」

あなた「プログラムの結果については、週明けにご報告させていただきます。火曜の午前中はいかがでしょう?」

上司「いいね。8時半でどうだい?」

〈シナリオ2〉

あなたは150万ドルのプロジェクトの企画書の最後の仕上げに取り組んでいる。企画書提出の締切りはあしただ。この企画が通れば、社員の士気は大いにあがるだろうし、通らなければ意気消沈するだろうと思われる。

・悪い例

上司のメール〈新部長を迎えるにあたり、戦略を立てる必要がある。相談したいから、いますぐきてほしい〉

あなたのメール〈了解しました。すぐに、うかがいます〉（企画書を脇に押しやって即レス）

・よい例

上司のメール〈新部長を迎えるにあたり、戦略を立てる必要がある。相談したいから、いますぐきてほしい〉

あなたのメール〈現在、大型プロジェクトの企画書の締切りを目前にしております。ご用のかたは、ご連絡先を残してください。**明朝までに、こちらから連絡いたします**〉（自動返信）

上司の内線「早くでろよ！　いったいどこをうろついてたんだ？」

あなた「いま例の企画書に取り組んでいるところです。明日の午前中が締切りなので、追い込みをかけているんです。締切りにはなんとか間に合うと思います。ご用件は何でしょう?」
上司「例のって、何の企画書だ? まあいい。とにかく、いますぐこっちにきてくれ。新部長を迎える戦略を練らなくちゃならん。5分後にブレインストーミング開始だ。こられるな?」
あなた「**申し訳ありませんが、行けません**。これでスキル開発プログラムの採用の可否が決まるということで、最優先にするよう命じられたあの企画書です。きっとご期待に添えるはずです。企画書ができしだい、ファイルをお送りいたします」
上司「そうか。そうしてくれ」
あなた「承知しました。企画書を仕上げるまでは、こちらに集中させていただきます」

だが、この会話の最後で、上司に「間が悪かったな。だが、こっちの用件を優先してくれ」と言われたら、どう対応すればいいのだろう?

事情を具体的かつ明確に説明し、上司にアドバイスを求めよう。

たとえば、「数分以内にそちらのオフィスにうかがえばよろしいんですね？　しかしそうすると、予定していたランチミーティングに出席できなくなります。そちらにはどう対応すればよろしいでしょうか？」と尋ねるのだ。

以下が対応の秘訣だ。

・相手への敬意を示す。
・何に同意するのか、同意した結果、何が生じるのかを明確にする。
・これまで、あなたが期待を上回る成果をあげたときのやり方を伝える。
・いますぐは無理だが、都合がつき次第、対応することを提案する。

「複数の相手」にうまく対応する

では、「マルチタスク」を推奨する社風の職場に勤めている場合は、どうすればいいのだろう？　ある専門職の人は、次のようなジレンマを明かしてくれた。

「きょう、上級職の候補者の面談をしたんだ。すると、ある男性の履歴書の特技の欄に『マルチタスクが得意』と書いてあってね。そのうえ会社側も、マルチタスクが得意なのは評価対象になりうるというんだよ。実際、評価対象のリストにも『マルチタスク能力』が入っている。マルチタスクを長所として評価したり、推奨したりするガイドラインがある場合、どう対処すればいい？」

まず、胸に刻んでもらいたい。「マルチタスク」という言葉はさまざまな場で使われているが、そもそも、その使い方が間違っているということを。

だからこうした場合、相手がマルチタスクという言葉を使っている、その意図をさぐればいい。

たとえば、ある職務に「マルチタスク能力」が求められているという場合、それは「目の前の客にも、電話をかけてきた客にも対応しなければならない」ことを意味するのかもしれない。

つまり、**「目の前の客にも、電話をかけてきた客にも、それぞれきちんと対応する」**

ことができればいいのであり、なにも「目の前の客と、電話をかけてきた客の両方に、同時に話しかける」能力が求められているわけではない。

同様に、履歴書の特技や長所の欄のトップに「マルチタスク」と誇らしげに書いてあったら、どんな行為についてそう表現しているのか、具体的に説明してもらおう。

私がそうした説明を求めると、たいてい「プレッシャーがかかっても冷静でいられる」とか、「1日のうちに複数の作業をこなせる」とか、「柔軟に事態に対処できる」とかいった答えが返ってくる。

どれもすばらしい能力ではあるが、同時に複数のタスクをこなすから可能になることではない。そんな真似をしようものなら、これまで見てきたように、むしろ能率は落ちるのだから。

「ノー」と言うほうが信頼される

次の言葉を音読してもらいたい。

「ノーと言うからといって、無能なわけじゃない！」

頼み事にいつでも応じるより、ときには応じないほうが断然いい。
四六時中、人の頼み事にイエスと応じていたら、自分の仕事など決してできない。
以下の4つのことをしっかりと覚えておいてほしい。

1 何かを頼まれるたびに手元の作業を中断していると、仕事はめちゃくちゃになる。

2 人はあなたが「こちらの呼びかけにきちんと応じてくれること」、そして「信頼して仕事をまかせられること」を求めている。そうした期待に応えるには、シングルタスクをするしかない。

3 目の前のタスクに集中するからこそ、責任感が強いことを証明できる。

4 重要な仕事の締切りがあって長時間集中したいときは、メールに自動返信を設定する。その際、こちらから返信できるのはいつごろになるか、文面で明確に示す。

「いますぐには無理です」と「私には無理です」は、同じ意味ではない。「いますぐには無理です」と言うことであなたが相手に伝えているのは「いま取り組んでいる職務に責任を負っている」という、ただそれだけのことであり、あなたは同様に、スケジュールに組み込まれている次の作業にも全力で取り組むはずだ。

そんな相手のほうが、途中までしか終えていない作業を山ほど抱えている相手より、ずっと信頼できる。

私たちの大半は生死に関わる仕事をしているわけではない。生死に関わる仕事に就いている人には、次々と生じる緊急事態に対応するための厳格なシステムが用意されている。だがそれ以外の人にとっては、そのときどきは大変な緊急事態に見えても、それらの要請に即座に対応できないからといってそれで世界が終わるわけではない。

境界線をつくり、「1つ」に集中する

シングルタスクにまつわる懸念として、もっともよく耳にするのは「職場の対人関

係に悪影響が及ぶのではないか」というものだ。

だが現実には、つねにネットに接続して、いつでも周囲からの要請に対応できるようにしておくほうが、プロとしての信頼性をはるかにそこなう。

たしかに周囲の人たちは、自分の要求にすぐ反応してほしいと相手に期待するだろう。そう思うのが当然だ。私だって、いますぐあつあつのホットラテが飲みたい。だれかが、いますぐ用意してくれるなら！


だが、それとこれとはべつの話だ。

あなたは「地に足の着いた、熱意ある、創造力にあふれたプロ」と、周囲の人に認識してもらいたいはずだ。

そのためには、どちらの道を進むのがいいだろう。「明確な境界線を設け、1つのことに集中する」道と「あちこちに注意を分散させ、まったく集中せずに進む」道と。

万人にいい顔をすることが、献身的に働くことを意味するわけではない。

それどころか、注意散漫な状態を続けていると、ぼんやりして頼りにならないという印象を与えてしまう。
一点集中するからこそ、周囲の人とも良好な関係を築くことができるのだ。

Point

人の要求に「短時間」で集中的に対応する

- ☑ 1つのプロジェクトに取り組んでいる合間に「別の仕事」の確認をしない。
- ☑ 「管理能力」はIQやスキルの高さよりも、個々の相手を丁寧にケアできるかで決まる。
- ☑ ほんの数分でいいので、部下や顧客に「完全に集中」して対応する。
- ☑ 会話に没頭して、相手が発する「真のメッセージ」を見抜く。
- ☑ 相手に敬意を抱いていることを示す「シグナル」を意識して使う。
- ☑ すべての質問や問い合わせに即座に応じていたら、成果はあがらない。
- ☑ 敬意を示しながらきっぱりと「ノー」を言うことで、相手の信頼を獲得する。

Part 3

定着させる

どこにでもいる人は、
どこにもいない人だ。

セネカ

第6章

賢者の時間術「タイムシフト」

「最重要課題」を攻略する

［神話］シングルタスクをするには忙しすぎる。
［現実］シングルタスクをしないには忙しすぎる。

「ただの行動」と「活動」を混同してはならない。
——ベンジャミン・フランクリン

「めちゃくちゃ忙しいんだ」
「へえ。おれは、超めちゃくちゃ忙しいよ」

「へえー。こっちは、その何倍も超めちゃくちゃ忙しいんだ」

……………。

「多忙」という伝染病が蔓延《まんえん》している。そのさまは、まるで芝生《しばふ》に雑草がはびこるようだ。とはいえ、どれほどあわただしく動きまわったところで、相応の見返りが得られるとはかぎらない。

忙しくすごしている人が、能率よく働いているとはかぎらないからだ。

リーダーシフト・コンサルティング所長のレスリー・ウィリアムズは鋭い所見を述べている。

「私たちの文化は、生産性とは何かという定義を見失っています。一度にどれだけ多くのタスクをこなせるかで、能率のよさを測っているとしか思えません」[1]

自分を疲れさせることで「安心」している

あくせく働いているのに、それに見あうだけの具体的な成果をあげられない人は多い。そもそも、一定の時間内でそれほど多くの作業をこなせるはずがないのに、ついあれこれ手をだしてしまっているのだ。

その結果、つねに注意散漫な状態で、膨大な要求に応えられずに不満を抱えて生活している。

現代の文化には「より多くのものごとをこなす」ことを重視する風潮がある。

そして奇妙にも**人は自分を疲弊させ、すり減らすことで「自分は重要な人間だ」という認識をもとうとしている。**

作家のローラ・バンダーカムが指摘しているように、「多忙」であることと「自分は重要な人間である」という認識には、強い相関関係がある。「過労と睡眠不足を嘆いてみせることで、自分が必死にやっていることを証明したいのだ」[2]

あなたの「バイタル・フュー」は何か？

どうやら、いくつかの基本的な事実がすっかり忘れられているようだ。たとえば、時間の使い方を少し変えれば、ライフスタイルに大きな変化をもたらし、充実した1日をすごせるようになることを思いだそう。

ジョセフ・ジュランはジョセフ・デフェオとの共著『ジュランの品質ハンドブック(Juran's Quality Handbook)』(未邦訳)のなかで、「重要な少数《バイタル・フュー》の法則」として**「重要なものはごくわずかしかない」**と説明している。

いわく、質の高い仕事をする鍵は「些末《さまつ》な多数(トリビアル・メニー)」と「ごくわずかな重要なもの(バイタル・フュー)」を区別することにある。

そのためには、自分のタスクをていねいに見なおし、最重要のタスクと、とりあえず後回しにできるものとを区別するとよい。[3]

最重要のタスクをすべて終えたら、後回しにしたタスクを再度、見なおす。そして、着手すべきタスクなのか、あるいは、そもそも不要なタスクなのかを見きわめるのだ。「バイタル・フュー」の地位を獲得できるタスクは何だろう？　タスクの優先順位は必ずしもぱっと決められるものではないので、じっくりと考えてみてほしい。

「無意味な情報」を迎撃する

マルチタスクを試みる行為は、「多忙でいなければならない」という強迫観念とむすびついている。と同時に、そうした試みを続けていると、精神的にまいってしまう。

先日、空港で搭乗手続きの列に並んでいたときのことだ。

待合室のテレビからとめどなく耳障りな音が垂れ流されるなか、そばにいた旅行者が連れに**「ぼくらは四六時中、何の役にも立たない情報の砲撃を受けている」**と言うのが聞こえた。

おっしゃるとおり。

私はペンシルベニア大学アネンバーグ・コミュニケーション大学院で、ある教訓を学んだ。メディアは「どう考えるべきか」を教えることはできないが、「何について考えるべきか」は伝えられるということだ。

だが残念ながら、メディアが「くだらないことについて考えろ」と情報を発信することが多いのも事実だ。

かつてニュース番組とは、いくつかの局が夜の1時間を費やしてニュースを伝えるものだった。ところがいまやニュースは24時間、無数のメディアから絶え間なく流されている。

と同時に、**私たちが注意を持続できる時間はもはや光速並みにまで短くなっている。**テレビのCMやミュージックビデオでは、たった1分間に30以上もの画像が継ぎあわされていることも少なくない。

私たちを取り囲むメディアから発せられる情報は細かく、増えていくばかりだ。私たちは、こちらの気を引こうとするものからつねに砲撃を受けていて、それにつれて、ものごとをじっくりと考えないように脳が飼いならされていく。

「内省の時間」で共感力が上がる

どうやら、人はひとりでじっくり考える時間を避けるためなら、どんなことでもする気になるらしい。バージニア大学でおこなわれたある実験は、心理学界と神経科学界で物議をかもした。

実験では、被験者がひとり、部屋に取り残される。室内には、押すと自分に電気ショックを与えることになるボタンだけがある。すると室内に取り残されてから15分以内に、多くの被験者がひとりで考え事をしてすごす不快感に耐えられなくなり、自分に電気ショックを与えるボタンを押した。

なお、この被験者たちは実験の前に質問をされたときには、「電気ショックを受けずにすむのならカネを払うほうがいい」とまで答えていた。[4]

ひとりですごす時間を避けていると、どれほど多くのものを失うか、考えてみてほしい。あるイタリアの研究によれば、**自分を見つめれば他者に共感する能力を高められる**という。

「みずからの感情と経験に触れれば触れるほど、ほかの人の頭にどんな考えがよぎるのかを、より正確に、より豊かに想像できるようになる」[5]

現代社会は、思考より行動を重視すべく進化をはたしてきた。

ところが現実には、じっくりとひとりで考える時間をもつからこそ、日々の生活が有意義なものになる。たった数分でもかまわない、あなたがネットサーフィンに興じて「忙しく」している時間を内省の時間にあてよう。

「三人称」を主語にして問題を考える

ミシガン大学のイーサン・クロス博士は、人が気晴らしを求めるのは、自分の人生について真剣に考えることから逃げるためではないかと推測している。

内省は、少しずつ取り組んでいけば、習慣として身につけられる技術だ。

「問題を抱えた友人にアドバイスをするのは簡単だ。ところがいざ自分の身に問題が起こると、そう簡単には対処できないものだ。その一因は、つい『自分中心』に考えてしまうので、客観的に問題をとらえるのがむずかしくなることにある。こんなときは『言葉』をうまく使って自分をだまして、**自分に起こった問題を他人に起こった問**

題のように考えるといいということが研究からわかっている」[6]

クロス博士の考えを取りいれ、次のような手法をとってみよう。

いま直面している問題に対して、「彼」「彼女」などの三人称、もしくは「自分の名前」を主語にして、文章を書いたり頭のなかで言葉にしたりして自分を見つめるのだ。

人生の難題を乗り越えるために内省に取り組むのは、一点集中術のもっとも有益な活用法の一つである。

「異常な状態」が当たり前になっている

「プライベートの時間をつくりなさい」とは、よく聞くアドバイスだ。それなのに私たちはこの健全な助言に従おうとせず、集団で悪いほうへ悪いほうへと進んでいる。

１９８２年、「ワーカホリック」は次のように説明されていた。

「自分にワーカホリックの傾向があるかどうか、次の質問に答えて確認してみよう。

『自宅によく仕事をもち帰りますか？』『重要な仕事に取り組んでいる最中や休憩中に

も、かかってきた電話に対応しますか？』『休暇をとるのをためらいますか？』」[7]

それから数十年経ったいま、仕事に期待されるものはどんな変遷《へんせん》を経ただろうか？

以前であれば**「危険な仕事中毒の証拠」**と見なされた行為が、いまではたいていの社会人の常識となっている。

終業時間後も残業する、急ぎの仕事が山積みでもさまざまな割り込み仕事を拒まない、そして業種を問わず、メールやメッセージにはすぐに返信するのが当然と思われている。それでは、まともな仕事などできるはずがない。

たしかに「つねに連絡がつき、いつでも仕事を依頼できる人」こそプロとして価値があり、有能であると見なす人もいる。

テクノロジーのおかげで、その気になれば私たちは24時間アクセス可能になった。そのため私たちは、要請にすぐに応じること、猛烈に忙しいこと、自分がとびぬけて重要な存在であることを強調するようになった。

こうして私たちは、テクノロジーの進化により時間が節約できるようになったはずなのに、どういうわけか、いまだかつてなく多忙をきわめている。

「時間の節約」は意味がない

1928年、経済学者ジョン・メイナード・ケインズは2028年の生活を予想し、「孫たちの経済的可能性」というエッセイを綴《つづ》った。

ケインズはこのなかで、2028年までにはヨーロッパと北米の生活水準が非常に高くなり、1日に3時間ほど働けばすむようになるだろうと予測した。いや、ことによると3時間も働く必要さえなくなるかもしれない、と。そして、ありあまる暇な時間に何をしてすごせばいいかが、もっとも深刻な問題になるだろうと推測した。[8]

さすがのケインズにも、未来予測は難しかったようだ。

それにしても、私たちはなぜこうも忙しいのだろう？　どんな用事をこなそうとして忙しくしているのだろう？　思想家ヘンリー・デイヴィッド・ソローも「**勤勉であるだけでは足りない。それではアリと同じだ**。何のためにせっせと働くかが問題なのだ」と述べているのに。

用事を手早くすませ、時間を節約するために開発されたテクノロジーを利用すると、逆効果が生じる。年がら年中、時間が足りない状態におちいるのだ。

マルチメディアのデバイスは人を終わりのない要求から解放するどころか、自宅でも職場でも、ちょっとした時間さえあれば、あちこちにアクセスする生活に拍車をかけている。

作家のベンジャミン・ホフは『タオのプーさん』(吉福伸逸・松下みさを訳、平河出版社)という本のなかで、人はさまざまな方法で時間を節約しようとしているが、「**時間は節約などできない。使うことしかできないのだ。**しかし、賢くも、愚かにも使うことができる」[9]と述べている。

そもそも時間の節約とは、何を意味するのだろう。時間節約を目的としたデバイスのあれこれをもつ利点はどこにあるのだろう。

懸命に働き、あれこれモノを買いあさっているのに、私たちには人生を楽しむ余裕がない。こうした事態を改善しようと、私たちはいっそう焦《あせ》ってマルチタスクをこなそうとする。そして多くのミスを犯し、計算間違いをし、良好なコミュニケーションをはかれなくなっている。

自称マルチタスカーは、いつも時間に追われている。そうしたせっぱつまった状況にひと息つく余裕をもたらすのが、一点集中術だ。

「タイムシフト」という合理的な時間管理法

目の前の作業に没頭したいのなら、定期的に休憩をとろう。

一点集中術は、**最優先の作業から少し離れる時間を予定に組み込む**ことで大きな効果を発揮する。

もしあなたが1日の大半を椅子に座ってすごしているのなら、この休憩時間を利用して体を動かそう。室内で仕事をしているのなら、ちょっと外にでて散歩をしよう。肉体労働に従事しているのなら、身体を休める時間を設けよう。

5〜10分もあれば、十分にエネルギーをとりもどすことができる。あなたの心臓の動きを見習うといい。「心臓は休むことなく、つねに動いていると考えている人が多い。だが実際には、収縮のあと、かならず休憩する時間がある。1日のうち、ゆうに15時間は休憩しているのだ[10]」

「タイムシフト」とは、**生産性の高い時間とリラックスする時間を交互にもつ**という手法だ。

大変な仕事に取り組んでいるときは、頻繁に休憩をとり、エネルギーが枯渇しないようにしよう。リラックスし、充電したあとのほうが能率が上がることは、科学的に繰り返し立証されている。

「デジタル機器」をすべてオフにする

巷《ちまた》にあふれるデジタル機器の弊害を軽減しようと、あるグループが、国家的な取り組みとして「アンプラグ・デー」を設けようという運動を始めた。

この日は丸一日、**24時間、デジタル機器をオフにしてすごそう**というのだ。つまり、スマホ、タブレット、パソコン、ラジオ、テレビをいっさい使わずにすごす。

これを実現するには、一致団結した努力が必要となる。

いまでは大半の人が、少なくとも1つの携帯用デバイスを身につけている。就寝中でさえ、スマホを手の届く範囲に置いているのではないだろうか。

ここのところ手にスマホをもたずに犬の散歩をしたり、ベビーカーを押したりしている人を見た記憶がないほどだ。

2014年、アンプラグ・デーの参加者に、この運動になぜ参加したのかと尋ねたところ、その答えは、ロマンティックなものもあれば、みずからの主義主張を訴えるものもあった。その他回答には、次のような願望がこめられていた。

・自分の人生を再充電し、再起動したい。
・家族とすごす時間の質を高めたい。
・日々の生活の美しさを取り戻したい。
・いまを生きる。

・現実世界ともう一度つながりたい。

大丈夫、できますとも。

おや、二の足を踏んでいますね。わざわざ時間をとって休むことに罪の意識を覚える？　つねに生産的であるべきだという強迫観念がある？　24時間、いつでも連絡がつく状態を維持すべきだという漠然とした義務感がある？

そうしたものに立ち向かおう。

むしろあなたは**「いまここ」に集中していないときにこそ、罪の意識を覚えるべきだ。**

生産性を上げたいのなら、「タイムシフト」に効果があることを肝に銘じよう。

つねにアクセス可能である必要などない。

長めにリラックスする時間をもつ場合は、事前にその旨を周囲に知らせておけばいい。そして、アクセス可能になる時刻を伝えておこう。

あなたが24時間、だれとでもアクセスできる存在ではないことが、じきに周囲の人にも理解してもらえるようになるはずだ。つねに連絡がとれ、用があれば飛んでいくことなど、不可能なのだから。

そうした非現実的な考えを捨て去り、リラックスして充電し、活力を得て、よりいっそう集中力の高まった自分を印象づけよう。

そうすれば、だれかと一緒にいるときにも、あなたはその相手に意識を完全に向けられるようになる。その集中力には「電池の切れかけた懐中電灯の光」と「レーザー光線」ほどの違いがあるはずだ。

できることを「5つ」書きだす

自分の人生を再起動するには、どんな手法がとれるだろう?

手始めに、**1日のどこかで1〜2時間ほど、デバイスのスイッチをすべてオフにしてみてはいかがだろう。**ささやかな努力から始め、そこから発展させていこう。

最初は短時間、手近なところで、タイムシフトを実践する計画を立てるといい。私のクライアントは次のような工夫をしたそうだ。

・デバイスをいっさいもたずに家族や友人とでかける。
・スマホをオフにして会話をする。
・ハイキングやウォーキングなど、ネットから離れて自然を楽しむ。
・着信を知らせる電子音やビジュアルの設定をオフにする。
・食事中、スマホをいじった人が食事代をもつというルールを決め、外食を楽しむ。

さて、あなたならどんな工夫をするだろう？　どんな工夫をすれば、日々の生活に変化をもたらせるだろうか。

ノートなどに5つアイデアを書きだして、実践してみてほしい。独自の工夫を実践できたら、そのあとはどんどん意欲的に取り組んでもらいたい。

「24時間ネットに接続しない」「24時間電話を使わない」といった冒険に繰りだすの

もいいだろう。

強制的に「没頭」させられる行為をする

私は週に1度、近所のジムにでかけてエアロビクスのレッスンを受けている。ジムには、それはそれは熱心に通っている人たちがいる。レッスンを受講するためなら、何だってしかねないくらいに見える。

なぜだろう？　たしかに、インストラクターは可愛らしい。アップビートの音楽を聞いていると気分もあがる。丸1時間、自分のことだけに集中できるのもうれしい。

さらに大きなポイントは、ジムでエクササイズをするには、心身ともに完全に集中しなければならないということだ。

つまり、**ジムの受講者は週に最低1時間、シングルタスクを実践できる**のだ。

レッスンで周囲に置いていかれないようにするには、１００パーセント集中しなければならない。そして毎週、新たなリズムの新たな動きを覚えていく。

肉体と精神を同様に集中させるために、受講者は容赦なく一点集中を迫られる。エアロビにハマる人は、まさにその時間が快感で夢中になるのだ。

また、職場以外の場所でフロー体験をすることで、仕事のときに注意力をコントロールする能力も上がる。これは何にでも応用できる大切な能力だ。

意識的に「スロー」にして頭を働かせる

「スロー・リーディング・クラブ」という読書クラブの活動が、世界各地で広がりを見せている。[11]

こうしたクラブは「スロー」を善とする信条を掲げており、この主張には科学的な裏付けもある。ゆっくり本を読むと**「快感」「共感」「集中力」をもてるようになり、深い理解を得られるうえ、ストレスを減らすこともできる**のだ。

クラブのメンバーは、メンバーの自宅、図書館、コーヒーショップなど、静かな場所で腰を下ろし、読書にいそしむ。

ただし、「何の邪魔も入らない場所で最低30分は読書に没頭する」「携帯電話の電源をオフにする」「ネットに接続しない」などのルールを守らねばならない。タブレットを利用した読書は認められている。

これと似たようなクラブには、料理を楽しむスロー・クッキング・クラブ、編み物を楽しむスロー・ニッティング・クラブなどがある。

ちょっとしたお遊びのように思えるかもしれないが、こうしたクラブに参加すれば、大きな恩恵に浴することができる。

というのも、**精神的な刺激を受ける活動に集中していると、物忘れの進行を遅らせることができる**からだ[12]。

ところで、本人の意志とは関係なく、ある日突然、ペースをスローにせざるをえなくなる場合もある。

父親の介護をしている人から、先日こんな話を聞いた。

「私の父はＡＬＳ（筋萎縮性側索硬化症）を患い、少しずつ身体が動かなくなってきています。いまでも歩くことはできますが、ゆっくりとしか歩けません。話すこともできますが、やはり、ゆっくりです。料理もできますが、とても、とても、ゆっくりです。ですから父と一緒にいるときには、いつもとは違うペースですごさなければなりません。最初は大変でしたが、しばらくすると、あくせくしたり、てきぱきと動いたりしなくてもいいのって、むしろほっとするなと思うようになりました」

脳を「マインドフルネス」の状態にする

「ゼンタングル」は、基本的なパターンを繰り返し描いていくアートだ。ただし、細心の注意を払い、それぞれのパターンを描いていかなければならない。正方形の小さな紙にパターンをていねいに描いていくと、15〜20分ほどで1枚が完成する。

こうしたアートを楽しめば**リラックス効果や瞑想効果、そして充実感まで得られる**ことが知られている。

愛好家は、ゼンタングルを描いていると心地いい感覚に浸《ひた》ることができると語る。さらには創造性が高まり、生活のさまざまな場面でも創造性を発揮できるようになるという。

あるアーティストは「ゼンタングルを集中して描いていると、マインドフルネスの状態になり、瞑想したときのような感覚を得られます。リラックスできるので、セラピー効果もあります。頭のなかの考えをすべて、わきに置いておくことができます」と説明してくれた。

ゼンタングルにより、凝り固まっていた気持ちがほぐれ、ものの見方を変えたり、自分を深くかえりみたりすることもできるという。

これは、多忙な日常生活のなかに**絵画など芸術的な活動に取り組む時間**を設ければ、緊張をほぐし、元気を取り戻せるという一例にすぎない。

余暇の時間にシングルタスクを実践したいのなら、映画館に行くのもいい。

自宅ではなく、映画館にでかけての映画鑑賞には、さまざまな利点がある。自宅にはあなたの「集中力を奪う邪魔物」があちこちにあるが、映画館ではまばゆいスクリーンに集中できる。

映画鑑賞はそれほどお金がかからないうえ、気楽に楽しめる。それに映画を観ている最中は、現実のさまざまな問題から解放される。映画のストーリーに想像力をかきたてられるまま、心地いい椅子に身をまかせているあいだは、薄暗がりのなか、スクリーンの光景と音響以外の刺激を遮断することができる（ポップコーンをぼりぼりと嚙む音ぐらいは聞こえてくるかもしれないが）。

さらに、**脳は映画から得た情報も、実際に体験したかのように処理する。**だからこそ、そうしたスリルを追体験したくてアクション映画を観にいく人がいる。外国映画や歴史映画を観ていると、時空を超えた小旅行にでかけたような気分を味わえる。

映画や本のストーリー、絵画などの芸術に没頭していると、あなたの脳はそのことだけに集中する。すると自然にシングルタスクをしている状態になる。

そして映画鑑賞や読書を終えたとき、はたまた美術館からでてきたとき、あなたはすっかりリフレッシュしている。
それはまるで、脳が贅沢なシャワーを浴びたようなものだ。

あなたの身体、頭脳、精神を生き返らせる一点集中の方法は無限にある。

いわゆる「アート」と呼ばれるもののほかにも、創造的なものはいくらでもある。たとえば、ボランティア活動に生き甲斐を見いだす人もいる。日常の業務とはべつの目標を立て、そのゴールに向かって心身ともに没頭すると創造性を発揮できる。

創造性にはさまざまなかたちがある。本章でとりあげたのは、そのごく一部の例にすぎない。

社会全体がいま、いっそうあわただしさを増している。そして集中力を保つのは、いっそう困難になっている。

名声も富も得たある弁護士が「どうすれば本気で集中できるのか、もうわからないよ」と苦々しくつぶやいたことがある。私たちの落ち着かない頭脳は、「いまここ」にある美や陰翳《いんえい》との接点を失っている。

さあ、自分自身の手綱《たづな》を締めよう。いまこの瞬間に完全に意識を向けることで、ぐんと人生を充実させよう。

Point

「最重要課題」に最大限の時間を投下する

- ☑ 多忙であることを強調する人は「成果」よりも「多忙さ」に安心している。
- ☑ 「バイタル・フュー」という最重要タスクを明確にして、最優先で取り組む。
- ☑ 「情報の洪水」が侵入してこない環境を整え、静かに考える時間をつくる。
- ☑ 「三人称」を主語にして、問題を客観的に考える習慣を身につける。
- ☑ 時間を「節約」するのはやめて、より賢い時間の使い方をする。
- ☑ 生産性の高い時間と、リラックスの時間を交互にもつ「タイムシフト」を活用する。
- ☑ 日常とは別の「創造的」な活動に没頭することで脳にエネルギーを送りこむ。

第7章 継続する方法

24時間「いまここ」にいつづける

［神話］シングルタスクは職場で実践することだ。
［現実］シングルタスクは生活のあらゆる場面で実践することだ。

「自分にはこれだけできる」と思っていることより1つ少ないことをするよう心がけなさい。
――バーナード・マネス・バルーク

みなさんには職場で、やりがいがあり有意義な仕事に没頭し、充実した時間をすごしてほしいと願っている。また、**オフのときは、本当にリラックスしてオフの時間を**

満喫してほしいとも願っている。

そのために、家でもシングルタスクを実践してほしい。

大半の人は、タスク・スイッチングの悪影響をどれほど受けているか、その実態を理解していない。もしかするとあなたは「自分は気が散らないようにうまくやっている」と思っているかもしれない。だが周囲の人はあなたに対して「日々の習慣を見なおすべきだ」と思っているかもしれない。

あるいは自分でも内心、「1つ、2つ習慣を変えれば、ずっとよくなるかもしれない」と、すでに気づいているかもしれない。

そう考えているのなら、ぜひオフの時間の「シングルタスク度」を測定してもらいたい。居心地のいい場所に腰を下ろし、次の質問に楽しみながら答えていこう。

オフの時間の「シングルタスク度」を測定する

あなたのオフの時間のすごし方について質問する。それぞれの質問に対する頻度を考え、0〜3まで、あてはまるスコアを選んでほしい。0から3までのスコアは、冒頭の黒地部分の頻度を参考にすること。

0＝まったくない、1＝まれにある（めったにない）、2＝ときどき（月に1〜3回）、3＝よくある（週に1回以上）

1 家族があなたに話をしているのに、ちゃんと聞いていなかったせいで、相手を怒らせることがありますか？
2 自宅に仕事を持ち帰りますか？
3 同時に複数のデバイスを使用しますか？
4 家族や友人と外出した先でも、もっぱら手元のデバイスをいじって時間を費やしていますか？
5 顔と顔を合わせて話すかわりに、SNSでコミュニケーションをとっていますか？

6 有意義な会話をいっさいせずに、家族との夕食をあわただしくすませたり、心ここにあらずの状態で夕食を終えたりしますか?

7 ほかのことを考えて食事の支度を中断し、そのまま忘れてしまうことがありますか?

8 用事があってその部屋に入ったのに、なぜその部屋にきたのか、思いだせないことがありますか?

9 パソコンを操作しながら電話で話すことがありますか?

10 歩きながら、運転しながらなど、ほかのことをしながら食べ物を口にし、その食べ物にまったく注意を払っていないことがありますか?

「スコア」を評価する

各項目のスコアを足していこう。その合計により、あなたが私生活でシングルタスクを実践できている度合いがわかる。

スコア0~10の人 レベル1――おみごと！

すばらしい。よく頑張っています！

スコア11~16の人 レベル2――いい線いっています

悪くないですよ。

スコア17~23の人 レベル3――夢をあきらめないで

もっと「いまここ」に目を向けよう。いまの時間に集中しよう！

スコア24〜30の人　レベル4──みごとに気が散っています

本書を信じ、シングルタスクの手法をいくつか実践しよう。努力は結果にあらわれる！

食事も会話も「一点集中」する

1つのことにどれほど没頭できるかは、あなたの健康や対人関係に影響を及ぼすうえ、どれだけ生きがいを感じられるかということにも関わってくる。

たとえば食事の際には、食材の嚙み方にまで影響が及ぶ。食事をしながらマルチタスクを試みると、過食や消化不良をひき起こす。

食生活や健康の専門家は、**食事のあいだは食べることに意識を集中させれば満足度が高くなる**と述べている。

よく嚙むだけでなく、嚙むあいだに間を置けば、カロリー摂取を抑えることもできる。「シングルタスク・イーティング」で減量も可能になるのだ！

だれかと一緒にいるときに、ソーシャルメディアでほかの人と交流していると、目の前の相手に「あなたのことなど、どうでもいいと思っている」というメッセージを無言のうちに送ることになる。

また、どうでもいいようなことに私生活の多くの時間を割いてしまうと、生きがいを感じにくくなるし、人生に充実感を覚えられなくなる。心理学者アブラハム・マズローなら、「そんな真似をしていると、自己実現に成功する確率が低くなる」と言うだろう。もてる能力を最大限に発揮できなくなるのだ。


オフの時間の「シングルタスク度」を測定するための質問は、大きく2つのカテゴリーに分けられる。

あなた個人に関する質問と、対人関係がからむ質問だ。

10問のうち5問は「あなたがやるべきことにきちんと取り組めているかどうか」を、残りの5問は「対人関係のよしあし」を評価している。次ページの表で、どちらに関

自己評価の質問は「あなた個人」と
「対人関係」の2種類に分かれている

質問	あなた個人／対人関係
1	対人関係
2	あなた個人
3	あなた個人
4	対人関係
5	対人関係
6	対人関係
7	あなた個人
8	あなた個人
9	対人関係
10	あなた個人

する質問かを確認してもらいたい。

表を見ながら、質問を振り返ってみよう。タスク・スイッチングは、あなたの目標達成の邪魔をするとともに、あなたの対人関係にも悪影響を及ぼしているはずだ。

帰宅後1時間の工夫

オフの時間の「シングルタスク度」の自己評価に不満があるのなら、どうにかして状況を改善しなければならない。どうすれば前向きな変化を起こせるだろうか。

ちょっとした隙間時間を利用し、とても大切な人——自分自身も含め——と心を通わせよう。たとえば**帰宅した直後の1時間はスマホを玄関に置いておく**などの工夫をしよう。また毎週、短くてかまわないので、自分が興味をもっていることに専念する時間を設けよう。

あなたの家族のシングルタスクはどうなっているだろう。

車で旅行にいくとき、家族はそれぞれが自分の携帯をいじっていないだろうか？

こうした移動時間を利用して家族関係を良好にするにはどうすればいいだろう？

家族心理学者によれば、家族が有意義な会話をするのに車内は理想的な場所だ。アイコンタクトをする必要がないので、ティーンエイジャーの子どもたちもそれほど居心地の悪い思いをせず、心をひらいて話ができる。

方法はほかにもある。同僚が次のような話をしてくれた。

「もう10代後半になった子どもたちがいる家族がいてね。その家族はすごく仲がいいんだよ。だから、その秘訣を訊いてみたんだ。そうしたら、仲良しの秘訣は風呂だっていうのさ。毎晩、家族と——全員とではなくても——一緒に入浴するそうだ。湯に浸《つ》かると、リラックスして、浴槽から出たくなくなる。おまけに、そうした気分を邪魔するものはない。その家族は風呂場でずいぶん深い話までする。

だから一緒に夕食をとるより、一緒に風呂に入るほうがずっといいと、かれらは結論をだした。だって食事中は、塩をとってくれと頼む程度の会話しかしないし、たいていだれかが料理を取り分けたり、皿洗いをしたりしているからね」

このやり方にはさまざまなバリエーションが考えられる。

朝、あるいは夕方、家族と一緒に散歩にでかける。ピクニックにでかける。毎週、家族で話す時間を設け、近況を報告しあう。戸外で一緒に腰を下ろす。暖炉やろうそくを囲み、マシュマロを焼く。

家族との食事を楽しみたい人は、スマホをそばに置かないこと！ 私はこれまで、家族一緒に食事をとりながら、それぞれがスマホの画面とにらめっこしている光景を、いったい何度目にしてきたことか。

これは、自分の行動を「意識」して「選択」するという問題だ。

「しぶしぶ」の行動を排除する

「完璧な子どもを育てる完璧な親」であることの重要性を強調するタイトルの本が、巷《ちまた》には溢《あふ》れている。ブラッド・サックスの『ほどほどの子ども（The Good Enough Child）』（未邦訳）は、そうした作品とは一線を画している。[1]

「ほどほどの親」というタイトルの章では、とにかくできるだけよい結果につながりそうな選択をすることを勧めている。この子育ての手法は、職場を含め、どんな場所でも通用する。

この本には、フルタイムで働くワーキングマザーが登場する。

彼女は子どもを寝かせる前に、本を1章分、かならず読み聞かせることにしていた。ある晩、彼女はくたくたに疲れきっていて、子どもたちに本を読んでやるだけの気力が残っていなかった。それでも、子どもたちを失望させたくなかったため、彼女は読み聞かせを始めた。

だがすぐに彼女はいらいらして、子どもたちをきつく叱ってしまった。なんだか自分が負け犬になったような気がした。よかれと思ってしたことなのに、事態は悪くなるいっぽうに思えたという。

このエピソードを紹介したあと、著者は基本的な、だが深遠な教訓を示している。それは、次のようにまとめられる。

あなたが本を読みたいのなら、読めばいい。読みたくないのなら、やめればいい。どちらのやり方を選んでも、まったく問題はない。

ただし、**けっして選んではならない方法がある。**

それは、本を読む気力など残っていないのに、しぶしぶ読み聞かせをした結果、いらだって負け犬のような気分になることだ――。

つまり、意思決定のポイントは2つだ。

〈選択する。そしてブレずに実行する〉

次回はべつの行動を選んでもかまわない。頑固になる必要はない。ただ、ある行動をとると決めたら、真剣にその行動を続けよう。そのほうが、ああすればよかった、こうすればよかったと後悔しつづけるよりよほどいい。

いま自分にとっていちばん大切なことは何かを考え、それに誠実に取り組もう。

このことは、本書で何度か述べてきた。とにかく、頭に叩き込んでもらいたい。呪文のように唱えよう。

自分はいま、本当は何をするべきなのか？

自分にとっていちばん大切なものは何かをよく考え、決定しよう。

たとえば、あなたがソファに寝転がり、「ザ・シンプソンズ」のアニメをのんべんだらりと観たい気分になっているとしよう。だが、きょうは友人の誕生日で、彼女の好きなスイーツを買いにでかける予定を立てていた。

そんなときは、いちばんラクな道を選ぶのではなく、大切なものを尊重する道を選ぼう。

そうしつづけるうちに、**「より大切なこと」を選べば、結局は「満ちたりた気分になる」**ことがわかるようになるはずだ。

私はなにも、つねに自己犠牲をともなう道を進むべきだといいたいわけではない。ただ、いまこの瞬間、自分にとってどんな選択がまっとうだと思えるかを、そのときの状況に応じて自問してもらいたいのだ。そうするうちに、やがてほとんど迷わずに良い選択を重ねていけるようになるはずだ。

いま、あなたは何をおいても、「とにかく寝たい」と感じているかもしれない。

四六時中そう思っているのでなければ、これもまた健全な願望だ。

仕事より、一家団欒《いっかだんらん》より、とりあえずいまは睡眠を優先するからといって、あなたが家族や仕事のことをないがしろにしているわけではない。

むしろ、その反対だ。きちんと自己管理をすることで、周りに対してもっと貢献できるようになるのだから。

いま――あるいは今夜――することをいったん決めたら、同時にほかのことにこそこそと手をだして脱線してしまったり、やっぱりほかのことをすればよかったと後悔したりしてはならない。

何かをすると決めたら、それが何であれ、一心不乱に取り組もう。さもなければ、あなたは自分に誠実に生きるチャンスを逃す。

アメリカの画家ジョージア・オキーフはこう述べた。

「じつは花のことをまともに見ている人なんていない。花はあまりにも小さく、私たちには時間がない。そして見るという行為には時間がかかる――友人をつくるのに時間がかかるように」

この言葉を読むと、いまいる場所に真の意味で存在すべきだと、あらためて自戒させられる。

それに「よりよい決断をしなくては」という思いを新たにさせられる。それでも、いつも迷ったりヘマをしたりしているのだが。

「ささやかな例外」が失敗を招く

私は「一点集中術の伝道師」であると自負しているが、それでもときおり愚かにもタスク・スイッチングを試みてしまう。そんな「犯罪現場」を目撃したら大声で注意してほしいと、家族や友人には頼んである。確固とした信念をもっていても、**長年の習慣を変えるにはやはり監視や警戒が必要**なのだ。

これは「ささやかな例外」だと認めてしまう言い訳は無数にある。

「道に迷っちゃった」「途中で渋滞につかまっちゃって」「いいことをしたわけだし」「これくらいのことならどうにかなる」などなど。

べつにこれ以上、事態がよくなる（あるいは悪化する）わけじゃなし——本書を執筆中、私自身、何度もそう自分に言い訳した。

本書の編集作業をしていたとき、「ヨガのレッスンを受けながら原稿を見ればいいのでは」と考えたことがある。そして章ごとに束ねた原稿を持ってレッスンに参加した。だが、このさもしい行為はほんの数日で終わった。さまざまなポーズをとりながら原稿に目を通すなんて不可能だったからだ。

だから原稿を見るのはやめてヨガだけに集中した結果、私は十分にワークアウトの恩恵にあずかることができた。そして**すっかりリフレッシュして仕事に戻り、能率よく編集作業もできるようになった**。

どれほど新米のインストラクターでも承知しているように、本気でヨガに取り組むのなら、レッスン中は心身ともに集中しなければならない。そもそも、私がレッスン中に盗み見ようとしていたその原稿は——みなさんお気づきのように——シングルタスクをほめちぎっているのだ。

複数のタスクを同時にこなそうとすると、タスクを1つずつこなしていくよりも結局は時間がかかる。以後、私はヨガのクラスに原稿を持参していない。

「いまを生きろ」という格言があるが、それは「生涯を通じてシングルタスクを続けなさい」という意味である。

1つに専心することで「幸福度」が高まる

シングルタスクは、与えることをやめない贈り物だ。それどころかデヴィッド・ゴールドマン博士によれば、「幸福になる鍵は、いまという瞬間にどっぷりと浸《ひた》ることにある」という。[2]

シングルタスクと幸福には相関関係があるのだ。

科学者たちの説明によれば、**人は何かに専心しているときのほうが充足感を覚える。**

シングルタスクにより能率が上がることは本書でさんざん述べてきたが、それだけでなく、シングルタスクを実践していると、人はより深い幸福を感じられるのだ。

2010年、ハーバード大学の研究者たちは成人の被験者2250人の機嫌のよさや、いまの作業にどのくらい集中しているかなどを、ランダムな間隔を置いて評価した。

すると、作業に熱心に取り組んでいる人ほど、幸福を実感していることがわかった。

同様に、**すぐに気が散ってしまう人ほど幸福を感じる度合いが低い**ことも判明した。[3]

心理学者ヴィクトール・フランクルが生きていたら、この説に何かつけくわえたかもしれない。彼は、「どんな状況に置かれていようと充実した人生を送れる人はどこが違うのか」を、生涯をかけて考えた。

そして、2つの心のはたらきと幸福のあいだに強い相関関係があることをあきらかにした。

その2つの心のはたらきとは、**「人生の一瞬一瞬に生きる意味を見出す能力」と「結果に固執して自分を追いつめる考え方を手放す能力」**である。

こんにち、快適な生活を謳歌している多くの人たちが、動画や写真などで楽しいできごとを記録することに夢中になっている。と同時に、そうしたできごとをきちんと体感しそこねている。

あなたは「休日の一瞬一瞬を楽しむ」「人生の大きなできごとをしみじみと味わう」「五感をとぎすませて体験する」といったことより、「未来のいつかのためにスナップ写真をせっせと撮る」ほうを優先していないだろうか？

そんなあなたの行動は、自らの信念にかなっているといえるだろうか?

五感を澄まし、「特別な時間」に入る

2007年、世界的に著名なバイオリニストのジョシュア・ベルは、ある実験に協力した。彼はワシントンDCの地下鉄に乗り、ランファン・プラザ駅で下車すると、バイオリンケースを広げ、チップをもらえるように床に置いた。そして数百万ドルもの価値のあるバイオリンを45分間、弾きつづけた。

足をとめて演奏に耳を傾ける人はほとんどいなかった。ベルはチップで32ドル稼いだ。とはいえ、よく立ちどまり、演奏に聴きいる世代がひとつだけあった。子どもたちだ。

多忙なおとなたちは、場合によっては1分あたり1000ドル支払わなければ聴くことができない音楽家の演奏を無料で楽しむまたとないチャンスを逃したのである。[4]

つねにあわただしくすごしていると、感動したりよろこんだりする能力が失われて

しまう。

だがシングルタスクを本気で心がけ、「いまここ」に意識を集中させていれば、思わぬタイミングで意識を向けるべき現象が起こったとき、それに気づくことができる。注意が分散した状態で周囲の世界を眺め、何があろうとさっさと通りすぎていると、人生に一度しかないような絶好の機会を逸するのだ。

脳科学者のグレゴリー・バーンズは、作家のピーター・カミンスキーと話した際、「ハイパーリアリティ」、すなわち次元を超えた現実について、カミンスキーが次のように説明したと綴《つづ》っている。

「心から楽しんでいる時間は、ぼくにとって『特別な時間』なんだ。そこにはべつの現実がある。そのなかで、ぼくは生きることを満喫し、完全に集中している。**一瞬一瞬が、はじけて果汁をしたたらせる完熟した果物のように感じられるんだ**」

バーンズは「そうした状況では次元を超越した瞬間が生まれ、脳裏に焼きつく」と述べている。[5]

いまという瞬間を心から味わう練習を重ねていけば、「生きることを満喫」できるようになる。次元を超えた「特別な時間」を体験する能力を身につければ、幸せを実感すると同時に、もてる能力をもっと発揮できるようになる。

オリンピック選手の集中力

2014年、ロシアのソチで開催された冬季オリンピックでは、至高体験《ピークエクスペリエンス》を経験できるはずの状況で、心ここにあらずになるという恰好《かっこう》の例が見られた。

想像してもらいたい。

あなたが人生をかけて取り組み、努力を重ねた結果、ついに報われる日がやってきた——オリンピックチームの一員に選ばれたのである。そして、その瞬間がおとずれた。開会式で光り輝くあなたの姿を見ようと、世界中が注目している。

ところが複数の国の代表選手たちは、この栄誉ある瞬間に浸ってはおらず、観客に手を振りかえしてもいない。

かれらはただ手元のデバイスをのぞきこんだり、動画を撮ったり、自撮りをしたりしている——あとで、このときのことを「思いだす」ために。

いまという瞬間をとらえたいという願望は理解できる。とはいえ、周囲ではプロのカメラマンたちが高性能の機材でその場をとらえているのだ。あとで、そこから好きなものを選べばいいではないか！

ソチの開会式での光景は、人が「いま」という瞬間を存分に味わうことができない状況を、如実にあらわしていた。

多くの選手たちが、目の前で起こっているできごとを全身で感じることなく、デジタル機器のほうに目をやっていた。**会場にいたオリンピック選手の半数以上が、至高体験を味わう機会を逸している**ように見えた。

「いまここ」にいなさい、と禅の導師は私たちを諭《さと》す。たとえ、皿洗いといった家事をしているときであれ（私にはなかなか実行できないが）。

なぜ、あれほど多くのオリンピック選手が、国を代表する誇りを覚えつつ世界中の精鋭に囲まれているという奇跡のような瞬間を慈《いつく》しむことより、周囲の光景を撮影するほうを優先したのか、理解に苦しむ。

かれらは、いまという瞬間を心ゆくまで味わうという至福——いわば「シングルタスク・ハイ」——を感じるチャンスを逃したのだ。

エネルギーを1つに向ければ、「失敗」も成功に変わる

そんななか、ひとりの選手が逆境にめげることなく、見事にシングルタスクを実践してみせた。

フィギュアスケート全米選手権優勝者、ジェレミー・アボット選手は、男子ショートプログラムの最初の4回転トウループで転倒し、フェンスに激突した。

負傷し、気持ちは大きく動揺したが、アボットは必死の思いで立ちあがるとふたた

び滑りはじめ、万感の思いをこめた表情で演技を終えた。[6]

大喝采のなか、見事な演技を見せたアボットは、のちにこう語った。「少しも恥ずかしいとは思っていません。ぼくは立ちあがり、プログラムを最後までやりとげた。自分の努力を、あの状況で自分がしたことを、誇りに思います」

ジェレミー・アボットは、意志の力と人間の品格を体現してみせた。なぜ彼はあのような気概を見せ、かつ平静に演技をやりとげることができたのだろう？

彼は身も心も１００パーセント、シングルタスクに集中させていた。

フェンスに激突した瞬間のことを悔やみ、**心身のエネルギーを分散させていたら、そのあとのすばらしい演技をやってのけることはできなかった**だろう。

同様のことが「いまここ」にいる技術を磨くプロセスにもあてはまる。

シングルタスクを実践したいのなら、いくつかのテクニックを習得し、練習を重ね、滑っている最中にフェンスに激突したあと、すぐに立ちあがる不屈の精神をもたねばならない。

没頭しているときこそ「充実感」をもてる

日々の生活に追われていると、つい基本を忘れてしまう。

本書ではこれまで、シングルタスクの有効性をひたすら主張してきた。神経科学者や心理学者の言葉を引用し、さまざまな実例も紹介してきた。

とはいえ、もっとも説得力のある証拠は、あなた自身の体験にある。

イライラしたり、やる気がまったく起こらなくなったりするのは、一度にたくさんのことをしようとした結果かもしれない。あなたがもっとも創造性を発揮でき、成果をあげ、自分を誇らしく思えたのは、どんなときだろう？　そのときあなたは、目の前の作業に没頭していたはずだ。

「一点集中の原則」を、再度、掲載しておこう。

〈一度に1つの作業に集中して、生産性を上げる〉

心配無用。あなたには十分に時間がある。

問題は、どんな時間の使い方をするか、だ。

さあ、外にでよう。そして、この美しい1日を楽しもう……一度に一筋ずつ光線を浴びながら。

Point

一点集中術をいつまでも「継続」する

- ☑ オフの時間の「シングルタスク度」を測定して自分を知り、改善点を検討する。
- ☑ 食事でも人との会話でも、すべてにおいて「一度に1つ」の原則を徹底する。
- ☑ 帰宅直後の1時間は、スマートフォンを離れた場所に置いておく。
- ☑ 「いま、いちばん大切なこと」を明確にし、1つずつ誠実に「実行」する。
- ☑ まわりにも注意してもらい、「ささやかな例外」を認めない。
- ☑ 「1つのこと」に専心すると、充足感が上がり、幸福度も向上する。
- ☑ 目の前の作業に没頭することで創造性を発揮し「最大の成果」をあげつづける。

付録

シングルタスクのメリット、マルチタスクのデメリット

信念は行動で
体現しなければ価値がない。

トマス・カーライル

「時間管理」「生産性」「対人関係」が変わる

あなたの周囲には、頑固なマルチタスカーがいるかもしれない。そんな人に、どうすればシングルタスクのよさを説明できるだろう？

私の周囲にも、はなはだしい思い違いをしている愛すべきマルチタスカーの友人がいる。そんな人たちと実際にかわした会話の例を次に挙げるので、参考にしてもらいたい。

最初に、そうした友人がいかにもいらだたしそうに、口早に言った不合理な主張が並んでいる。その次に、それに対して、私がシングルタスクの効果を伝えようと返した言葉を挙げる。

これを見ながら、あなたならどんな気のきいた返事をするかを自分なりに考えてみてほしい。

✕ マルチタスカーの不合理な主張

いま11時15分。なのに、昼までに終わらせなくちゃいけない仕事が2つもあるんだ。一度に1つのことだけに専念なんかしていられるか。

○ シングルタスカーの合理的な反論

人間は、一度に1つのことしかできないようにできている。タスクの切り替えばかりしていると、集中力を保つのは無理。それどころか、約束の時刻までに満足のいく成果をますますあげられなくなる。

✕ マルチタスカーの不合理な主張

目の前の相手の要望に応じたいからと、ほかの人を待たせるのは不作法だし自分本位だ。

◎ シングルタスカーの合理的な反論

目の前の相手への対応よりマルチタスクを優先するほうがよほど無礼だし、相手の時間を軽んじていることになる。

× マルチタスカーの不合理な主張

自分とは直接関係のないことが話題になっている退屈な会議中に、返信が必要なメールに対応すれば、仕事の能率が上がる。

◎ シングルタスカーの合理的な反論

さまざまな研究結果を見ればわかるように、とりわけエグゼクティブの人たちは、そうした行為を意志と自制心の欠如のあらわれと見なしている。

✖ マルチタスカーの不合理な主張

私のところには1日に100通もメールがくるんだ。マルチタスクをしなくてはやっていけない！

◎ シングルタスカーの合理的な反論

能率よく多数の用事をこなすには、一度に1つのことに集中するしか方法はない。

✖ マルチタスカーの不合理な主張

会議の最中にメッセージにすばやく返信すれば能率が上がる。あとでやらなくちゃいけないことを、1つ減らせるだろう？

◎ シングルタスカーの合理的な反論

それは、とんでもなくいい加減な行動。メッセージにお決まりの言葉でとりあえず返信するのは相手に失礼だし、会議中に突然質問されたとき、何も答えることができなければ、あなたは信用を失うことになる。

✕

マルチタスカーの不合理な主張

マルチタスクをこなせないなんて、でたらめもいいところだ。だって私は音楽を聴きながらエクササイズをするほうが、身をいれることができるもの。

◎

シングルタスカーの合理的な反論

片方、もしくは両方の作業が意識的な思考を必要としないのであれば、脳は2つのタスクを同時に処理することができる。でも、これはマルチタスクにはあたらない。

✕

マルチタスカーの不合理な主張

マルチタスクをしなくちゃ、やっていけないんだよ。一度に1つの作業だけに集中していたら、これだけたくさんの用事をこなすのは無理だ。

シングルタスカーの合理的な反論

私には複数の作業を同時にこなすことはできないし、あなたにもそれはできない。多数の用事をこなすには、一点集中術を実践するしかない。

マルチタスカーの不合理な主張

私たちの仕事では、マルチタスクをある程度こなすのが当然だと思われているんです。

シングルタスカーの合理的な反論

あなたは誤解している。あなたに期待されているのは、成果をあげられる有能なプロであることだ。

✕ マルチタスカーの不合理な主張

チームミーティングのあいだ、ずっと集中しているなんて無理だ。注意を向ける先を分散させるのが、これからのやり方だ。

◎ シングルタスカーの合理的な反論

ミーティングに集中しないでいると、チームの団結力が弱まり、チーム一丸となって大きな成果をあげられなくなる。

✕ マルチタスカーの不合理な主張

若者は、マルチタスクをうまくこなせる。

◎ シングルタスカーの合理的な反論

人間の脳は例外なく、シングルタスクに専念するようにできている。年齢による違いはない。

✕ マルチタスカーの不合理な主張

私は実際にマルチタスクをこなしているし、同時にすべての作業に集中できている。

◎ シングルタスカーの合理的な反論

マルチタスクをしていると、かならず気が散る。そうすると、いま手がけている作業にも、いま対応している相手にも、部分的な注意を向けることしかできない。

✕ マルチタスカーの不合理な主張

私は、作業に没頭したくない。没頭すると、自分のまわりに壁をつくってしまい、周囲で起こっていることに気づかなくなってしまう。

シングルタスカーの合理的な反論

似たような不安に「ムキムキになりすぎるのがこわいから、身体を鍛えたくない」というものがある。だがそんな心配は無用だし、そういう人たちはそれを言い訳にしてぐうたらしているだけだ。もしシングルタスクがとてつもなく得意で、時間の流れをすっかり忘れてしまう危険がある人は、あらかじめ制限時間を決め、アラームを設定しておけばいい。

＊

ここで最後に、マルチタスク信奉者のどんな主張にも反論できる言葉を教えよう。

〈シングルタスクは「時間」を有効活用し「生産性」を上げ「対人関係」を改善する〉

さあ、あとは実践あるのみだ！

訳者あとがき

仕事をしながら、人の話を聞きながら、子どもと遊びながら、スマホをチラ見する。着信音が鳴ればすぐにメールやラインを確認する。家では気がつくとパソコンを立ち上げていて、仕事や勉強をしようと思いつつも、気づいたらネットでさまざまなページを開いている……。

これでは1つのことに集中し、きちんと作業を終えられるはずがない。生産性を上げることなど、夢のまた夢だ。さらに相手の話をうわの空で聞いていれば、人間関係まで壊しかねない。

そんな状況の中でさまざまな情報の洪水に流されずに、日々の能率と生産性を大きく引き上げられる方法を説いたのが本書『一点集中術』（原題『*Singletasking: Get More Done — One Thing at a Time*』）だ。

膨大な情報に悩まされ、やりがいを感じられない日々に焦燥感《しょうそうかん》を覚えていた人がよほど多かったのだろう。本書はアメリカ本国で出版されると一躍、話題の書となり、ドイツやスペインなど世界各国で翻訳され、大反響を呼んでいる。

マネジメントの世界的権威であるケン・ブランチャードは本書の方法について「ストレスが減り、能率が上がり、質の高い結果を得られる」と絶賛し、自己啓発の方法論で全米ナンバーワンとも評されるブライアン・トレーシーは、「本書は『**時間管理**』**と『自己管理』についてあなたが生涯に読むものの中でもっとも重要な一冊**になるだろう」とまで述べている。

そんな画期的な本を発表したのは、デボラ・ザックだ。

彼女はマネジメントや人間関係のスキルの専門家であり、コーネル大学ジョンソンスクール（経営大学院）の客員教員を15年以上にわたって務め、アメリカ教育省、メンサ、スミソニアン協会、ロンドン・ビジネススクール、オーストラリアン・インスティテュート・オブ・マネジメントなど100を超える企業や団体に指導をおこなうなど八面六臂《はちめんろっぴ》の活躍を続けている。

同時に複数のことをこなそうとする行為を「マルチタスクをする」と、世間では表現する。でも、そもそも脳は複数のことを同時に処理できないので、2つ以上のことに注意を向けつづけているとむしろ脳機能が低下すると著者は説く。

とはいえ職場でも日常生活でも、私たちはマルチタスクをこなすことを期待されているし、こなして当然だと思われている。

自分の仕事を進めながらも、電話がかかってくればすぐに対応し、メールがくればできるだけ早く返信する。締切りが同時のプロジェクトも複数並行して走っている。日々、猛スピードで情報が渦巻くこのご時世、マルチタスクをせずに生活するなんて無理だ……そう思うのも無理はない。

だがこの状況を解決できる方法が1つある。

それがこの「一点集中術」だ。

一度に1つの作業だけに集中する「シングルタスク」によって、ストレスなく、最速で最大の成果をあげられるのだ。

このシンプルな、けれどこのうえなく役に立つスキルを日本の読者が実践し、あしたから、いえ、いまこの瞬間から、日々の生活を変え、人生で本当に大事なことに集中して取り組めるようになることを願っています。

なお新装版の刊行にあたって、邦題を『SINGLE TASK 一点集中術』から『一点集中術』に改め、訳文を一部修正した。本書の訳出にあたっては、ダイヤモンド社編集部の三浦岳氏から的確なアドバイスを頂戴した。三浦氏が「一点集中術」を実践し、編集作業に集中してくださったおかげです。厚く御礼申しあげます。

栗木さつき

推薦書

次に挙げる本を読むことをおすすめする（ただし、一度に1冊ずつ読むこと！）。

- 『アイデアのヒント』（ジャック・フォスター著、青島淑子訳、CCCメディアハウス、2003年）
- 『あなたはどれだけ待てますか――せっかち文化とのんびり文化の徹底比較』（ロバート・レヴィーン著、忠平美幸訳、草思社、2002年）
- 『アンスタック！――あなたの行きづまりを解決する本』（キース・ヤマシタ著、サンドラ・スパタロ著、熊本知子訳、ベストセラーズ、2004年）
- 『生き残るためのあやまり方――ビジネスや人生の失敗を成功に導く、最良の5ステップ』（ジョン・ケイドー著、上原裕美子訳、主婦の友社、2010年）
- 『MBTIタイプ入門――タイプとストレス編』（ナオミ・L・クエンク著、園田由紀訳、金子書房、2007年）
- 『希望の見つけかた』（アレックス・パタコス著、有賀裕子訳、日経BP社、2005年）
- 『サードプレイス――コミュニティの核になる「とびきり居心地よい場所」』（レイ・オルデンバーグ著、忠平美幸訳、みすず書房、2013年）
- 『ザ・ワーク――人生を変える4つの質問』（バイロン・ケイティ、スティーヴン・ミッチェル著、ティム・マクリーン、高岡よし子監訳、神田房枝訳、ダイヤモンド社、2011年）
- 『自分のタイプを理解すればマネジメントは成功する』（デボラ・ザック著、坂東智子訳、SBクリエイティブ、2013年）
- 『新ハーバード流交渉術――論理と感情をどう生かすか』（ロジャー・フィッシャー、ダニエル・シャピロ著、印南一路訳、講談社、2006年）
- 『人類が知っていることすべての短い歴史（上・下）』（ビル・ブライソン著、楡井浩一訳、新潮文庫、2014年）
- 『優れたリーダーは、なぜ「立ち止まる」のか――自分と周囲の潜在能力を引き出す法則』（ケヴィン・キャッシュマン著、樋口武志訳、英治出版、2014年）
- 『少しの手間できれいに暮らす――あなたを変える77の生活整理術』（デニース・スコフィールド著、小谷啓子訳、PHP研究所、2000年）
- 『タオのプーさん』（ベンジャミン・ホフ著、吉福伸逸・松下みさを訳、平河出版社、1989年）
- 『タイムシフティング――人生が楽しくなる時間活用術』（ステファン・レクトシャッフェン著、高瀬素子訳、日経ビジネス人文庫、2001年）
- 『ドラッカーに学ぶ自分の可能性を最大限に引き出す方法』（ブルース・ローゼンステイン著、上田惇生監訳、井坂康志訳、ダイヤモンド社、2011年）
- 『なぜ、間違えたのか？――誰もがハマる52の思考の落とし穴』（ロルフ・ドベリ著、中村智子訳、サンマーク出版、2013年）
- 『人間性の最高価値』（A・H・マスロー著、上田吉一訳、誠信書房、1973年）
- 『ネット・バカ――インターネットがわたしたちの脳にしていること』（ニコラス・G・カー著、篠儀直子訳、青土社、2010年）

・『脳が「生きがい」を感じるとき』(グレゴリー・バーンズ著、野中香方子訳、NHK出版、2006年)
・『フロー体験 喜びの現象学』(M・チクセントミハイ著、今村浩明訳、世界思想社、1996年)
・『減らす技術 新装版』(レオ・バボータ著、有枝春訳、ディスカヴァー・トゥエンティワン、2015年)
・『未来を創るリーダー10のスキル――不確実性の時代を生き抜く新たな人材の条件』(ボブ・ヨハンセン著、鹿野和彦監訳、伊藤裕一・田中良知訳、日本能率協会マネジメントセンター、2013年)
・『夜と霧 新版』(ヴィクトール・E・フランクル著、池田香代子訳、みすず書房、2002年)
・『ユング自伝(1・2)』(C・G・ユング著、アニエラ・ヤッフェ編、河合隼雄・藤縄昭・出井淑子訳、みすず書房、1972–73年)
・『リフレーミング――心理的枠組の変換をもたらすもの』(リチャード・バンドラー、ジョン・グリンダー著、吉本武史・越川弘吉訳、星和書店、1988年)
・『我と汝・対話』(マルティン・ブーバー著、植田重雄訳、岩波文庫、1979年)
・De Feo, Joseph, and J. M. Juran. *Juran's Quality Handbook*. New York: McGraw-Hill, 2010.
・Ferber, Richard. *Solve Your Child's Sleep Problems*. Rev. ed. New York: Touchstone, 2006.
・Glennie, Paul, and Nigel Thrift. *Shaping the Day: A History of Timekeeping in England and Wales 1300–1800*. Oxford: Oxford University Press, 2009.
・Homayoun, Ana. *That Crumpled Paper Was Due Last Week: Helping Disorganized and Distracted Boys Succeed in School and Life*. New York: TarcherPerigee, 2010.
・Kiefer, Charles, and Malcolm Constable. *The Art of Insight: How to Have More Aha! Moments*. San Francisco: Berrett-Koehler, 2013.
・Kunz, Gray, and Peter Kaminsky. *The Elements of Taste*. New York: Little, Brown and Company, 2001.
・McCrossen, Alexis. *Marking Modern Times*. Chicago: University of Chicago Press, 2013.
・Sachs, Brad E. *The Good Enough Child*. New York: HarperCollins, 2001.
・Weingarten, Gene. *The Fiddler in the Subway*. New York: Simon & Schuster, 2010.
・Wolke, Robert. *What Einstein Told His Barber*. New York: Dell Trade, 2000.
・Zack, Devora. *Networking for People Who Hate Networking*. San Francisco: Berrett-Koehler, 2010.
・Zona, Guy. *The Soul Would Have No Rainbow If the Eyes Had No Tears*. New York: Touchstone, 1994.

参考文献

INTRODUCTION
一点集中の原則——たった1つの肝に銘じるべきルール

1. "The Multitasking Paradox," *Harvard Business Review* 91, no. 3 (March 2013): 30–31.

第1章　マルチタスクを封印する——「同時進行」の誘惑から逃れる

1. Gigi Foster and Charlene M. Kalenkoski, "Measuring the Relative Productivity of Multitasking to Sole-tasking in Household Production: New Experimental Evidence," IZA Discussion Paper Series no. 6763 (July 2012).
2. Linda Stone, "Beyond Simple Multi-Tasking: Continuous Partial Attention" (November 30, 2009). https://lindastone.net/2009/11/30/beyond-simple-multi-tasking-continuous-partial-attention/
3. Eyal Ophir, Clifford Nass, and Anthony D. Wagner, "Cognitive Control in Media Multitaskers," *Proceedings of the National Academy of Sciences* 106, no. 37: 15583–15587.
4. Jon Hamilton, "Think You're Multitasking? Think Again," National Public Radio (October 2, 2008). http://www.npr.org/templates/story/story.php?storyId=95256794
5. Annie Murphy Paul, "The New Marshmallow Test: Resisting the Temptations of the Web," *The Hechinger Report* (May 3, 2013). http://hechingerreport.org/the-new-marshmallow-test-resisting-the-temptations-of-the-web/
6. Karin Foerde, Barbara J. Knowlton, and Russell A. Poldrack, "Modulation of Competing Memory Systems by Distraction," *Proceedings of the National Academy of Sciences* 103, no. 31: 11778–11783.
7. Nicholas Carr, *The Shallows: What the Internet Is Doing to Our Brains* (New York: W. W. Norton, 2010). 邦訳『ネット・バカ——インターネットがわたしたちの脳にしていること』(ニコラス・G・カー著、篠儀直子訳、青土社、2010年)
8. Institute for the Future and Gallup Organization, *Managing Corporate Communication in the Information Age* (Lanham, MD: Pitney Bowes, 2000).
9. Douglas Merrill, "Why Multitasking Doesn't Work," *Forbes* (August 17, 2012). https://www.forbes.com/sites/douglasmerrill/2012/08/17/why-multitasking-doesnt-work

10. Larry D. Rosen, L. Mark Carrier, and Nancy A. Cheever, "Facebook and Texting Made Me Do It: Media-Induced Task-Switching While Studying," *Computers in Human Behavior* 29, no. 3: 948–958.
11. Paul, "The New Marshmallow Test."
12. Reynol Junco and Shelia R. Cotten, "No A 4 U: The Relationship Between Multitasking and Academic Performance," *Computers & Education* 59, no. 2: 505–514.
13. Gregory Berns, *Satisfaction: The Science of Finding True Fulfillment* (New York: Henry Holt, 2005), 43. 邦訳『脳が「生きがい」を感じるとき』(グレゴリー・バーンズ著、野中香方子訳、NHK出版、2006年)

第2章　すべてを一気にシンプルにする——「一点集中術」とは何か？

1. Tim Howard, interview by Willie Geist, *Morning Joe*, MSNBC, July 2, 2014.
2. Carl Jung, *Memories, Dreams, Reflections* (New York: Vintage Books, 1965), 264. 邦訳『ユング自伝(1・2)』(C・G・ユング著、アニエラ・ヤッフェ編、河合隼雄・藤縄昭・出井淑子訳、みすず書房、1972–73年)

第3章　脳の「集中力」を最大化する——脳がエネルギーをだせる環境をつくる

1. Louis C. K., interview by Conan O'Brien, *Conan*, TBS, September 19, 2013.
2. Mark Laubach, "A Comparative Perspective on Executive and Motivational Control by the Medial Prefrontal Cortex," in *Neural Basis of Motivational and Cognitive Control*, ed. Rogier B. Mars et al. (Cambridge, MA: MIT Press, 2011), 95–109.
3. H. A. Slagter et al., "fMRI Evidence for Both Generalized and Specialized Components of Attentional Control," *Brain Research* 1177 (October 26, 2007): 90–102.
4. E. B. Ansell et al., "Cumulative Adversity and Smaller Gray Matter Volume in Medial Prefrontal, Anterior Cingulate, and Insula Regions," *Biological Psychiatry* 72, no. 1 (July 1, 2012): 57–64.
5. Mihaly Csikszentmihalyi, *Flow: The Psychology of Optimal Experience* (New York: HarperCollins, 1990). 邦訳『フロー体験 喜びの現象学』(M・チクセントミハイ著、今村浩明訳、世界思想社、1996年)
6. Paul Noth, "The Internet Wants to Destroy Your Productivity," *The New Yorker* (September 2, 2013): 22.

第4章　全行動を「1つずつ」にする——最大の成果をもたらす1日の行動法

1. "The Multitasking Paradox," *Harvard Business Review* 91, no. 3 (March 2013): 30–31.
2. Alena Maher and Courtney von Hippel, "Individual Differences in Employee Reactions to Open-Plan Offices," *Journal of Environmental Psychology* 25, no. 5, 219–229.
3. Robert M. Nideffer, "Attention Control Training," in *Handbook of Research on Sports Psychology*, eds. R. N. Singer, Milledge Murphey, and L. Keith Tennant (New York: Macmillan Publishing Company, 1993), 522–556.

第5章　5分で周囲の「信頼」をつかむ——「ノー」を言うことで人望を集める

1. Daniel Goleman, "What Makes a Leader?," *Harvard Business Review* 82, no. 1: 82–91.
2. Melvin C. Washington, Ephraim A. Okoro, and Peter W. Cardon, "Perceptions of Civility for Mobile Phone Use in Formal and Informal Meetings," *Business and Professional Communication Quarterly* 77,no. 1: 52–64.

第6章　賢者の時間術「タイムシフト」——「最重要課題」を攻略する

1. Leslie Williams, interview with author, Shepherdstown, West Virginia, October 7, 2014.
2. Laura Vanderkam, "Are You As Busy As You Think?," *Wall Street Journal* (February 22, 2012). https://www.wsj.com/articles/SB10001424052970203358704577237603853394654
3. Joseph De Feo and Joseph Juran, *Juran's Quality Handbook* (New York: McGraw-Hill, 2010).
4. Timothy D. Wilson et al., "Just Think: The Challenges of the Disengaged Mind," *Science* 345, no. 6192 (July 4, 2014): 75–77.
5. Kate Murphy, "No Time to Think," *New York Times* (July 25, 2014): SR3.
6. 同上
7. Michael Matteson and John Ivancevich, *Managing Job Stress and Health: The Intelligent Person's Guide* (New York: Free Press, 1982), 36.
8. John Maynard Keynes, "Economic Possibilities for Our Grandchildren," in *Essays in Persuasion* (New York: W. W. Norton, 1963), 358–373. 邦訳『ケインズ説得論集』(J・M・ケインズ著、山岡洋一訳、日本経済新聞出版、2021年)
9. Benjamin Hoff, *The Tao of Pooh* (New York: Penguin, 1983), 107–108. 邦訳『タ

オのプーさん』(ベンジャミン・ホフ著、吉福伸逸・松下みさを訳、平河出版社、1989年)

10. Dale Carnegie, *How to Stop Worrying and Start Living* (New York: Simon & Schuster, 1948), 129. 邦訳『【新訳】道は開ける』(D・カーネギー著、田内志文訳、角川文庫、2014年)
11. Jeanne Whalen, "Read This as Slowly as You Can," *Wall Street Journal* (September 16, 2014): D1.
12. Robert S. Wilson et al., "Life-Span Cognitive Activity, Neuropathologic Burden, and Cognitive Aging," *Neurology* 81 no. 4 (July 23, 2013): 314–321.

第7章　継続する方法——24時間「いまここ」にいつづける

1. Brad E. Sachs, *The Good Enough Child* (New York: HarperCollins, 2001).
2. Stacey Colino, "The Reasons of Our Discontent," *Bethesda Magazine* (November–December 2013). http://www.bethesdamagazine.com/Bethesda-Magazine/November-December-2013/Why-Arent-We-Happy/
3. Matthew A. Killingsworth and Daniel T. Gilbert, "A Wandering Mind Is an Unhappy Mind," *Science* 330, no. 6006 (November 12, 2010): 932.
4. Gene Weingarten, *The Fiddler in the Subway* (New York: Simon & Schuster, 2010).
5. Gregory Berns, *Satisfaction: Sensation Seeking, Novelty, and the Science of Finding True Fulfillment* (New York: Henry Holt, 2005), 74. 邦訳『脳が「生きがい」を感じるとき』(グレゴリー・バーンズ著、野中香方子訳、NHK出版、2006年)
6. Jim Caple, "After Fall, Abbott Presses On," ESPN. http://www.espn.com/olympics/winter/2014/figureskating/story/_/id/10451479/2014-sochi-olympics-team-usa-fall-short-program-jeremy-abbott-presses-on

※本書は『SINGLE TASK 一点集中術』（2017年、小社刊）の新装版です。
刊行にあたり改題し、翻訳を一部改めました。

［著者］

デボラ・ザック（Devora Zack）

コーネル大学ジョンソンスクール（経営大学院）の客員教員を15年以上務め、マネジメントスキルやネットワーキングについて講義をおこなってきた。アメリカ教育省、コーネル大学、メンサ、スミソニアン協会、ロンドン・ビジネススクール、デロイト、オーストラリアン・インスティテュート・オブ・マネジメントなど100を超える企業や団体にリーダーシップ、チームマネジメント等の指導にあたる。現在はオンリー・コネクト・コンサルティング社CEO。著書に『自分のタイプを理解すればマネジメントは成功する』（SBクリエイティブ）、『人脈作りが嫌いな人のための人脈術』（未邦訳）などがある。本書は18言語に翻訳され、世界的ベストセラーとなった。

［訳者］

栗木さつき（くりき・さつき）

翻訳家。慶應義塾大学経済学部卒業。訳書に『バレットジャーナル 人生を変えるノート術』『ハーバードの人の心をつかむ力』（ともにダイヤモンド社）、『WHYから始めよ！』（日本経済新聞出版）、『Numbers Don't Lie 世界のリアルは「数字」でつかめ！』『NATURE FIX 自然が最高の脳をつくる』（ともにNHK出版）などがある。

一点集中術
——限られた時間で次々とやりたいことを実現できる

2025年5月13日　第1刷発行
2025年7月28日　第3刷発行

著　者——デボラ・ザック
訳　者——栗木さつき
発行所——ダイヤモンド社
〒150-8409　東京都渋谷区神宮前6-12-17
https://www.diamond.co.jp/
電話／03·5778·7233（編集）　03·5778·7240（販売）
ブックデザイン——小口翔平＋畑中茜＋青山風音（tobufune）
本文DTP——キャップス
校正————LIBERO
製作進行——ダイヤモンド・グラフィック社
印刷————勇進印刷
製本————ブックアート
編集担当——三浦岳

ISBN 978-4-478-12225-9